DES
SOCIÉTÉS COOPÉRATIVES
DE CONSOMMATION
A L'ÉTRANGER ET EN FRANCE

HISTORIQUE — APPLICATION — RÉGIME LÉGAL
BUT ET AVENIR DE LA COOPÉRATION

PAR

G. TRÉMEREL

Docteur en droit
Officier d'Administration des Subsistances
Professeur à l'Ecole d'Administration militaire de Vincennes

PARIS

V. GIARD & E. BRIÈRE
LIBRAIRES-ÉDITEURS
16, rue Soufflot, 16
—
1894

DES
SOCIÉTÉS COOPÉRATIVES
DE CONSOMMATION
A L'ÉTRANGER ET EN FRANCE

HISTORIQUE — APPLICATION — RÉGIME LÉGAL
BUT ET AVENIR DE LA COOPÉRATION

PAR

G. TRÉMEREL

Docteur en droit
Officier d'Administration des Subsistances
Professeur à l'Ecole d'Administration militaire de Vincennes

PARIS

V. GIARD & E. BRIÈRE

LIBRAIRES-ÉDITEURS

16, rue Soufflot, 16

1894

DES

SOCIÉTÉS COOPÉRATIVES

DE CONSOMMATION

A l'Étranger et en France et de leur situation légale

INTRODUCTION

C'est une loi aujourd'hui bien démontrée que la production manufacturière tend à devenir le monopole des
grandes entreprises. Si elle a pour conséquence d'amener
la disparition de la petite industrie et de soumettre au
régime du salariat un plus grand nombre de travailleurs,
il faut lui reconnaître par contre l'avantage incontesté
d'une meilleure utilisation des forces productives et d'une
fabrication moins coûteuse. En se substituant aux petits
ateliers, la grande industrie met à profit les découvertes
de la science, emploie des engins puissants, facilite la
division du travail et procure ainsi une économie fort

appréciable sur les frais généraux et les dépenses d'installation.

Le consommateur profite, dans une certaine mesure, du moindre prix de revient des produits. Il est hors de doute cependant que les bienfaits de la grande production ont été singulièrement affaiblis par l'extension démesurée qu'a prise le commerce de détail. Finalement, les économies réalisées par la production ont profité beaucoup plus à ceux qui servent d'intermédiaires dans les échanges qu'aux consommateurs mêmes. Après avoir passé par la filière onéreuse des commissionnaires, courtiers, marchands en gros et détaillants, les marchandises arrivent au consommateur grevées de frais qui en augmentent le prix initial dans des proportions excessives. Le lourd tribut exigé par les intermédiaires contribue trop souvent à rendre vains pour le consommateur les efforts accomplis en vue de l'abaissement progressif du coût de production.

Si la concurrence a parfois enrayé la hausse des prix, elle n'a rendu qu'un médiocre service ; car elle a provoqué l'adultération des denrées et les mille procédés blâmables qui servent à en dissimuler la véritable nature. Que de fraudes suggérées par l'âpre poursuite du gain, au risque de compromettre la santé publique ! Nous avons le triste privilège « de vivre à une époque où, grâce aux « progrès de la science, on a résolu le problème de fabri- « quer des aliments avec des denrées qui ne sont rien « moins qu'alimentaires ; où l'on a réussi déjà à pro- « duire du café sans café, du chocolat sans cacao, du vin « sans raisin, du beurre sans lait, et du lait, ô miracle ! « sans vache ni chèvre, à remplacer le sucre par la sac- « charine extraite de la houille, la gelée de groseilles par

« la gelée de varechs (1) ». On est donc en droit de se demander si l'organisation commerciale qui, par une concurrence effrénée, aboutit à ces déplorables falsifications et, par le nombre excessif des marchands, amène la surélévation constante des prix, n'est pas appelée à disparaître et à faire place à une nouvelle méthode basée sur le principe de la loyauté et de la sincérité dans les échanges, et de la réduction des prix par le rapprochement du producteur et du consommateur.

Si l'on examine les phases diverses par lesquelles a passé le mécanisme des échanges, on est amené à penser que la loi d'évolution vers la grande production doit se compléter par celle de l'évolution commerciale vers les grands magasins ou vers les sociétés coopératives de consommation. Ces deux méthodes s'inspirent, ainsi que nous le montrerons dans un instant, de principes presque analogues, et aboutissent à une diminution notable, sinon à la disparition complète, du petit commerce. Menacé dans son existence ou tout au moins, sentant une concurrence redoutable, celui-ci invoque la liberté du travail. Au nom de cette prétendue liberté, qui cache assez mal un secret désir de monopole, les détaillants s'élèvent contre les idées d'indépendance et d'émancipation manifestées par les consommateurs ; pour les étouffer, ils sollicitent l'appui des pouvoirs publics et le secours des lois fiscales. Singulière liberté que celle qui consiste à mettre en dehors du droit commun, ceux dont le seul tort est de vouloir réformer les mœurs commerciales, en perfectionnant le mécanisme des échanges !

Il n'y a d'ailleurs pas lieu de s'arrêter aux critiques

---

1. Ch. Gide, *Avenir de la coopération*, p. 2.

trop intéressées que soulèvent les efforts accomplis par des hommes d'initiative en vue d'obtenir une meilleure circulation des richesses. Tous les progrès réalisés dans l'ordre économique ont été marqués par de violentes attaques contre les esprits novateurs. Il est plus intéressant de rechercher les causes qui ont amené, dans la suite des temps, l'évolution qui se manifeste de nos jours, évolution ayant son principe dans les circonstances qui ont rapproché les hommes et rendu les communications plus faciles et dans les aspirations qui naissent des progrès de la civilisation.

Au début de l'organisation sociale, les échanges se firent dans un cercle extrêmement restreint, sans le concours d'intermédiaires. Les produits échangeables étaient peu nombreux, les besoins primitifs. Avec les progrès de la civilisation, les besoins augmentèrent. D'autre part, la spécialisation des professions et le groupement des industries par région eurent pour conséquence de multiplier les échanges et surtout d'occasionner un plus grand courant d'affaires entre les divers centres de production. L'échange direct devint de plus en plus rare, parce qu'il entraînait un déplacement incommode et souvent dangereux.

C'est alors qu'une classe d'hommes entreprit de parcourir les principaux centres de population pour y vendre et y acheter des produits. Les habitants des contrées visitées par ces caravanes écoulaient les produits de leur industrie et se procuraient, au moyen du troc, les marchandises qui leur étaient nécessaires. Grâce à la concurrence que se faisaient entre eux les négociants nomades, on voyait les prix se niveler et se rapprocher de la valeur des choses. Les inconvénients d'un acheteur et d'un vendeur unique reçurent ainsi une sérieuse atténuation. Ces modes primitifs d'échange se rencontrent encore chez certaines peuplades ou tribus : les caravanes qui apportent sur le littoral de la Méditerranée les produits des industries sahariennes pour se procurer ceux de l'industrie locale ou européenne, peuvent donner une idée de ce qu'ont été les premières étapes de la marche commerciale de l'humanité. Ce ne sont pas les seuls vestiges qui nous restent ; car les foires ou marchés qui ont fait la richesse de beaucoup de villes anciennes et qui se maintiennent dans les pays où les moyens de transport sont peu développés peuvent être envisagés comme la suite naturelle et le perfectionnement des haltes périodiques et prolongées des commerçants nomades.

Ceux-ci d'ailleurs furent amenés à entretenir des relations de plus en plus suivies avec certains centres de population, à étudier le goût et les besoins des acheteurs, à rechercher les moyens d'y satisfaire. Une fois assurés d'une clientèle assez nombreuse, quelques-uns durent préférer une installation permanente à ces pérégrinations continuelles sur des routes où la sécurité était loin d'être garantie : ils demeurèrent à poste fixe. Le petit commerce de détail avait ainsi pris naissance et son introduction dans le mécanisme des échanges marquait la troisième étape de l'évolution commerciale. Les marchands en détail ont dû, tout d'abord, limiter le champ de leurs opérations et se borner à la vente de quelques produits : le manque de capitaux et de crédit leur en fit longtemps une obligation. Quand la plus grande abondance des capitaux, l'accroissement des besoins, la facilité des transactions, auraient justifié l'extension des entreprises et fourni aux hommes d'initiative les moyens de sortir de la sphère restreinte où s'exerçait leur activité, le régime corporatif vint mettre des entraves à cette transformation et, par une réglementation étroite et minutieuse, empêcha la concentration des produits dans une même entreprise et la recherche d'importants débouchés. Le domaine de chacun fut rigoureusement circonscrit. De ces obstacles qui perpétuaient la routine, le commerce ne triompha qu'après plusieurs siècles de luttes.

La liberté fut proclamée au milieu de circonstances peu favorables au développement des entreprises. Le commerce s'accommode mal des époques troublées : il a besoin de capitaux, de crédit et de vastes débouchés : toutes ces conditions ne se réalisèrent que lentement. Au reste, les mœurs ne se modifient pas du jour au lendemain et la pratique commerciale subit l'influence des habitudes de la clientèle.

D'assez bonne heure pourtant, on constate chez des marchands actifs et intelligents une tendance à réunir les produits par grandes quantités, à les concentrer sur un même point et à chercher des débouchés en dehors des clients groupés en nombre insuffisant autour du magasin. Ces novateurs n'avaient pas seulement pour objectif d'offrir une plus grande variété d'objets ; ils poursuivaient encore la réduction des prix, sauf à la compenser par la diminution des frais généraux. La première tentative de ce genre amena la location à Paris d'un vaste local par un certain nombre de détaillants qui permettaient ainsi au public de trouver dans un magasin unique une grande diversité d'articles (1). Ce procédé n'est pas sans mérite :

1. *Economiste français*, p. 810 et s., 1890. 1.

il rend encore aujourd'hui de réels services aux petits industriels qui ne peuvent supporter les charges qu'entraînerait pour chacun d'eux la location d'un magasin particulier.

L'innovation présentait des côtés faibles qui devaient l'empêcher de se généraliser. Chacun des détaillants continuait à s'approvisionner par petites quantités, en passant par toute la série des intermédiaires; il ne jouissait que de son crédit propre, et les marchandises atteignaient toujours un prix de revient trop élevé. Le problème d'une meilleure pratique commerciale n'était pas encore résolu ; mais on avait déjà fait un pas sérieux vers la solution à découvrir : on avait montré l'avantage résultant de la concentration des produits sur un même point. Il fallait, en outre, trouver un système qui permît de rapprocher le consommateur du producteur et de lui procurer le bénéfice d'une réduction de prix, conséquence des achats en gros et de la répartition des frais généraux sur un grand nombre d'opérations. Les circonstances ont secondé la découverte de la solution recherchée. Les hommes entreprenants ont su tirer parti de l'extension des voies de communication, de la facilité des transports, des changements introduits dans la pratique de l'industrie. Une autre cause devait favoriser l'avènement d'un nouveau système commercial ; c'est la recherche du bien-être qui est un des traits caractéristiques de la société moderne. Ce désir de bien-être et même de luxe doit être satisfait plutôt par une réduction dans le coût des choses nécessaires à la vie que par une augmentation des profits et des salaires. Les fondateurs des grands magasins ont compris les aspirations nouvelles qui se faisaient jour, et ils ont étudié les combinaisons capables de satisfaire, au meilleur marché possible, les goûts d'élégance et de confortable accusés par la génération actuelle.

L'industrie leur indiquait la direction à donner à leurs efforts: profitant des progrès réalisés dans les moyens de transport et de la facilité des communications, elle avait renoncé aux services onéreux des intermédiaires pour entrer en rapports directs avec le producteur des matières premières qu'elle met en œuvre. En appliquant le même principe, les grands magasins pouvaient offrir aux consommateurs des produits acquis directement aux lieux d'origine et à des prix peu différents de ceux du gros. La suppression des intermédiaires n'est pas la seule cause d'une réduction possible dans les prix de vente. En effet, le producteur, assuré de commandes importantes, est lui-même engagé à consentir de nouveaux rabais en raison du courant d'affaires permanent qu'elles entraînent et de la régularité du travail qu'elles déterminent dans les usines. Une troisième cause a exercé sur les prix une salutaire influence: la double possibilité de diminuer les frais généraux et de les rendre moins sensibles en les répartissant sur un grand nombre d'opérations. Tout en réalisant des gains considérables, les grands magasins peuvent ne majorer les prix de revient que de 8 à 12 0/0, tandis que le simple détaillant, agissant dans une sphère plus restreinte, est obligé de grever ses marchandises d'une augmentation de 30 0/0, pour que la vente lui procure un bénéfice convenable. Le public a profité des avantages résultant de la concentration des produits, des transactions directes avec les producteurs et de l'économie des frais généraux.

Grâce à la réduction des prix de revient ainsi obtenue, on a pu en quelque sorte démocratiser le bien-être et

le confort, en rendant accessible au plus grand nombre l'usage d'objets qu'une classe restreinte de privilégiés était seule en mesure d'acquérir. Certains moralistes déplorent l'abandon de l'ancienne simplicité des mœurs, et critiquent un ordre de choses qui aboutit au débordement du luxe à bon marché. Mais le luxe est chose bien relative : il risque souvent d'être confondu avec le bien-être dont le désir s'éveille et se généralise avec les progrès de la civilisation. « Cela est si vrai que, selon l'ob-
« servation de Mac-Culloch, il n'est pas un seul objet
« parmi ceux qui sont tenus pour indispensables à l'exis-
« tence, ou une seule amélioration d'une nature quelcon-
« que qui n'ait été, à son apparition, dénoncée comme
« une superfluité ou comme étant nuisible. Le plus rigo-
« riste n'oserait de nos jours proposer le retranchement
« de la plupart des objets de consommation qui, en remon-
« tant à trois siècles en arrière, étaient encore ou igno-
« rés, ou considérés comme des nouveautés dangereu-
« ses (1). » Tout ce qui contribue à satisfaire les besoins de l'homme, contenus dans une sage limite susceptible de s'élargir au fur et à mesure du progrès humain, doit-être considéré comme une institution heureuse, alors surtout que l'existence est améliorée sans accroissement des charges.

La création des grands magasins a rendu un service beaucoup plus important : elle a eu pour effet d'introduire l'habitude du payement au comptant et de soustraire, par conséquent, la clientèle au fléau du crédit, funeste à celui qui l'obtient comme aux clients du magasin qui l'accorde. La perte occasionnée par le consomma-

1. P. Beauregard, *Précis d'économie politique*, p. 297.

teur insolvable, rejaillit sur le consommateur solvable, sous forme d'une augmentation de prix. A l'abri de ces risques, les grands magasins font profiter le public de la sécurité que présente la vente faite rigoureusement au comptant.

A côté de cette transformation qui répondait à des besoins nouveaux, et opérait une réforme utile, s'est produite une évolution analogue dans les autres branches de l'activité humaine qui concourent à l'exécution des échanges, en particulier dans le domaine des transports et des banques.

La loi d'évolution vers le groupement des forces et la diminution du poids mort est donc générale : elle s'étend à toutes les branches de l'activité publique. Partout on cherche à s'affranchir de services onéreux, souvent inutiles, en opposition avec le nouvel esprit qui se manifeste aussi bien dans le public que dans le monde des affaires. Le nouveau régime qui doit en sortir soulève bien des récriminations de la part de ceux qui se considèrent comme victimes de ce mouvement. On ne peut espérer voir la transformation s'accomplir sans troubler quelques intérêts individuels. « En économie politique, comme ail-« leurs, le progrès se paie, et toute transition ne laisse « pas que d'être douloureuse. » Mais il est bien certain que tout intérêt particulier doit se plier devant l'intérêt général, et tout marchand dont les services deviennent inutiles à la société ne saurait être admis à lui en impo-ser l'usage. D'ailleurs l'évolution est lente ; elle ménage les transitions. Les grandes entreprises ont mis un demi siècle à acquérir le développement actuel et la concur-rence qu'elles font aux petits détaillants est loin d'être aussi oppressive qu'on voudrait le faire croire. D'après une enquête de la chambre de commerce de Paris, le chiffre des affaires traitées par les divers patentés dépasse quatre milliards par an. Or, la part revenant aux grands magasins n'atteint pas le dixième du chiffre total (1). Ce n'est pas d'hier que date l'hostilité des détaillants à l'égard du commerce en grands magasins. Depuis long-temps et en tous pays, ils ont multiplié les démarches, entassé pétitions sur pétitions, et sollicité l'aide des pou-voirs publics contre une concurrence redoutable. En France, nous trouvons, dès l'année 1843, une pétition adressée aux chambres dans l'espoir que, touchées des doléances du petit commerce, elles interdiraient le cumul de plusieurs spécialités (2). Ces réclamations, bien des fois renouvelées, n'ont abouti à aucun résultat. Sage-ment inspirés, les pouvoirs publics se sont tenus dans une neutralité respectueuse des droits de chacun. Grâce au régime de liberté, les grands établissements se sont développés et le nombre des détaillants a continué de s'ac-croître. De là cette concurrence effrénée, source de tous les vices que nous signalions au début et qui peuvent se résumer en deux mots : exagération des prix, falsifica-tions éhontées.

Las de payer les frais de ce luxe d'intermédiaires aussi avides que nombreux, le consommateur a trouvé dans le principe fécond de la libre association le remède à ce déplorable état de choses. Partout où l'homme isolé se sent impuissant, il cherche à s'unir avec ceux qui ont les mêmes intérêts et qui poursuivent le même but. C'est à ce sentiment inné chez l'homme qu'ont fait appel les

1. *Économiste français*, 1890, I, p. 810 et s.
2. *Journal des économistes*, 1843, août-nov., p. 156 et s.

créateurs d'une forme particulièrement bienfaisante sous laquelle se manifeste l'association des consommateurs appelée d'un nom nouveau, la coopération. Par ses œuvres, l'association a fait apprécier sa puissance et laissé entrevoir tous les services qu'elle est capable de rendre. C'est avec cette force irrésistible que l'homme moderne a réussi à transformer l'ordre économique; c'est avec son aide qu'il en assurera le continuel progrès.

L'union des consommateurs, autrement dit l'association coopérative de consommation, est appelée à transformer le mécanisme des échanges, comme l'association des capitaux a permis d'introduire un régime nouveau dans le domaine de l'industrie, des transports et des banques. Ce résultat sera atteint par l'extension chaque jour grandissante des sociétés de consommation. La théorie coopérative s'efforce de mettre des produits meilleurs à la disposition des consommateurs et de réaliser l'économie dans les dépenses, de faciliter l'épargne, par conséquent, par l'élimination de tout intermédiaire inutile entre le producteur et le consommateur. Assurer plus de bien-être dans le présent et la sécurité des vieux jours, telle est la noble ambition des apôtres de l'idée coopérative.

Dans l'évolution commerciale, le système des grands magasins n'est qu'une étape conduisant à la forme coopérative, forme supérieure qui fait du client consommateur son propre marchand et le bénéficiaire de tous les profits matériels de l'entreprise, de tous les avantages moraux que procure l'association. Plus clairvoyants que les boutiquiers, petits et moyens, les directeurs de ces puissantes maisons ne se font pas d'illusion à cet égard; ils reconnaissent eux-mêmes que le mouvement coopératif les emportera dans sa marche envahissante. L'un

d'eux en a fait l'aveu en termes formels : « nous condui-
« sons directement aux sociétés coopératives ; quand elles
« auront grandi, nous n'aurons qu'à mourir ! (1) » Le problème de la meilleure organisation commerciale, en partie résolu par la concentration du commerce de détail,
la coopération seule peut l'achever, parce que son
domaine n'est pas limité comme celui des grands magasins. Les sociétés distributives peuvent et doivent embrasser toutes les branches de la consommation domestique :
alimentation, vêtement, meubles et ornements de l'ha-
bitation humaine.

Or bien des marchandises échappent à l'action des
grands magasins. Ce sont précisément les produits de
première nécessité, telles que le pain, la viande, l'épicerie, les liquides, les combustibles, etc. Tandis que le producteur se plaint de l'avilissement des prix, le consommateur continue de payer fort cher des produits de qualité médiocre. Pour ce dernier, les prix restent quelquefois stationnaires ; plus souvent ils s'élèvent d'une manière
inquiétante.

Contre le renchérissement du coût de l'existence et les
manœuvres déloyales engendrées par une concurrence
excessive, le remède efficace se trouve dans un organisme qui simplifie les rouages intermédiaires, facilite le
contrôle de la valeur qualitative des marchandises, opère,
en un mot, le rapprochement du producteur et du consommateur. Cet organisme, les sociétés de consommation
l'ont créé, apportant aux humbles, aux déshérités de la
fortune, le moyen de sortir de la misère et d'arriver
presqu'à l'aisance ; au prolétariat, un instrument d'éman-

1. Journal l'*Émancipation*, p. 68, année 1893.

cipation et de relèvement social, aux consommateurs de tout rang un surcroît de bien être, à la société des éléments de paix.

En effectuant eux-mêmes leurs achats, les consommateurs groupés en associations, non pas isolées, mais réunies par les liens d'une vaste fédération, conservent pour eux les bénéfices réalisés par la suppression des intermédiaires et se mettent en garde au moyen des analyses contre la falsification des marchandises. Cette combinaison simple et ingénieuse fournit, avec la participation aux dividendes périodiques, conséquence de la vente au-dessus du prix de revient, le moyen très pratique d'alimenter, sans sacrifices pénibles, la caisse d'épargne, la société de secours mutuels, la caisse de retraite ou d'assurance ; elle permet encore de faire naître au sein des classes laborieuses les premiers capitaux qui les aideront à s'élever dans la hiérarchie sociale. Outre les résultats matériels pour le bien-être de leurs membres, les associations coopératives présentent des avantages d'un ordre plus élevé. Elles mettent en pleine lumière les effets bienfaisants de la solidarité ; elles développent chez les ouvriers l'esprit d'initiative individuelle en les déshabituant d'attendre, en matière de réformes sociales, l'intervention de l'Etat, elles facilitent enfin la fusion des différentes classes de la société et par ce rapprochement dissipent bien des préjugés, substituant aux sentiments de défiance et même de haine des rapports de mutuelle estime, de sympathie et d'affection réciproques. C'est ainsi qu'elles préparent les démocraties honnêtes, laborieuses, pacifiques.

Le nouvel organisme qui doit transformer le système des échanges est donc bien supérieur à la méthode introduite par les grands magasins, déjà fertile en heureuses conséquences tant au point de vue de la diminution des prix que sous le rapport de la probité dans les transactions. Il n'est pas en opposition avec le progrès économique et la tendance qui s'accentue de plus en plus vers l'exploitation en grand ; car nous verrons que les associations savent se grouper à leur tour et former une vaste fédération capable de fournir aux producteurs des débouchés plus larges et plus réguliers que ceux qui leur ont été ouverts par la création des grands magasins. Il y a sous ce rapport un avantage social bien digne de fixer l'attention ; car il profite à tous, consommateurs, ouvriers chefs d'industrie. La régularité des commandes, résultant de la prévision plus facile des besoins, rend plus rares les arrêts dans le travail, et diminue les chômages ainsi que les maux qui en forment le triste cortège.

Telle est la transformation que nous paraissent destinées à accomplir les sociétés coopératives de consommations. Elles répondront ainsi aux aspirations de la société moderne, éprise de confortable et de bien être, et comptant moins pour y arriver sur l'élévation continue des profits que sur les combinaisons propres à diminuer le coût de la vie matérielle. Ces aspirations sont générales et partout les mêmes moyens sont préconisés ou mis en œuvre pour en assurer la réalisation. Par un rapide coup d'œil sur le mouvement coopératif en Europe et aux Etats-Unis, nous constaterons que partout l'évolution est nettement dessinée, tendant à entraîner dans sa marche toutes les classes de la société. Nous aurons à rechercher en même temps les meilleurs principes, consacrés par l'expérience, à l'aide desquels les coopérateurs pourront atteindre le but, à la fois matériel et moral, qu'ils poursuivent. Nous examinerons ensuite si la coopération trouve, dans notre législation, les secours et les garanties dont elle a besoin pour triompher de la résistance que rencontre tout progrès économique, et nous essaierons, en terminant cette étude, de préciser dans quelles limites cette forme nouvelle d'association est capable de modifier le régime économique actuel et d'améliorer la condition de la classe si intéressante des salariés.

CHAPITRE PREMIER

LE MOUVEMENT COOPÉRATIF EN EUROPE ET AUX ÉTATS-UNIS.
HISTORIQUE ET ÉTAT ACTUEL DES SOCIÉTÉS COOPÉRATIVES.

Angleterre (1).

Dans l'étude du mouvement coopératif, la première place revient de droit à la Grande-Bretagne. C'est vraiment sur le sol anglais que l'idée coopérative, appliquée à la consommation, a germé et pris un extraordinaire développement. Les succès obtenus dans le Royaume-Uni ont exercé au dehors une influence salutaire. Aux remarquables principes qui les ont préparés, les coopérateurs des autres pays ont demandé les mêmes résultats. L'exposé des institutions anglaises doit donc logiquement précéder l'examen des œuvres fondées plus ou moins sur le même modèle.

L'histoire de l'association coopérative, en Angleterre, comprend trois périodes : la première coïncide avec les expériences dues à Robert Owen et assez pauvres en résultats; la seconde est marquée par l'initiative hardie

1. Voir le *Mouvement coopératif en Angleterre*, par Schulze-Gaevernitz, *Revue d'Economie politique*, août 1891. *La coopération au Royaume-Uni, Le Monde économique*, 1893, p. 372 et s.

des pionniers de Rochdale, créateurs de cette forme nouvelle de l'action commune qui a popularisé le nom de coopération ; la troisième période à laquelle nous assistons montre les progrès continus de l'œuvre coopérative et les efforts dépensés en vue d'obtenir par elle la transformation du régime économique dans son ensemble.

Pour les coopérateurs anglais, Robert Owen pourrait être considéré comme le premier apôtre des doctrines coopératives, de même qu'en France ce titre sert à honorer la mémoire de Buchez. Ces deux philanthropes ont, par des moyens un peu différents, poursuivi la guérison de presque tous les maux de la société, et ils ont cherché le remède dans la coopération de production. Cette forme d'association est peut-être la plus parfaite ; elle est, à coup sûr, la plus difficile à appliquer. Elle a besoin d'être préparée par un sérieux apprentissage ; elle manque son but et marche à un échec inévitable quand elle n'a pas eu pour préface l'éducation économique des travailleurs et en même temps les institutions diverses qui forment et accumulent les capitaux, pierre angulaire de l'édifice à construire.

Les essais d'Owen, dans cette voie semée d'obstacles, devaient donc échouer ; ils eurent un meilleur sort, appliqués à la société de consommation, au profit des ouvriers de la fabrique de New-Lanark. Plusieurs institutions copiées sur le modèle conçu par Owen ont donné de bons résultats. L'une des plus remarquables a été la société économique de Sheernes qui pourvoyait au prix coûtant ses membres de pain, de farine et de viande (1). Une organisation semblable fut deux fois tentée à Ro-

_____

1. *Op. cit.*, p. 674.

chdale par les partisans d'Owen qui ne réussirent pas à convaincre les ouvriers de l'efficacité du remède qu'ils leur apportaient et de la puissance de l'instrument qu'ils voulaient mettre entre leurs mains. C'est cependant la ville de Rochdale qui devait être le berceau du mouvement coopératif après une troisième tentative faite avec plus de bonheur en 1844. Pour ceux qui entrevoient le salut social dans la coopération, le nom de Rochdale a quelque chose de sacré. « Holyoake, un des apôtres les « plus anciens et les plus enthousiastes de cette idée, « chante les rives du Roch à l'instar de celles du Tibre, « dans la conviction que la coopération comme l'ancienne « Rome, conquerra le monde ! »

Le développement extraordinaire de la coopération dans le Royaume-Uni explique cette croyance dans sa haute destinée.

Tout le monde connaît les modestes débuts de l'association des pionniers de Rochdale, l'énergie déployée par les organisateurs, la lutte soutenue contre le commerce de détail qui sentait les dangers de l'institution naissante et enfin le succès éclatant qui récompensa au bout de quelques années les efforts persévérants des premiers coopérateurs. Leur exemple fut suivi dans le Lancashire et le Yorkshire, et peu à peu, sous l'influence d'une législation assez libérale, le mouvement s'étendit dans toute l'Angleterre, puis en Ecosse et en Irlande. Au début les dispositions de la loi anglaise n'ont pas été favorables à l'expansion du mouvement. La même remarque s'applique aux législations des autres pays et rend compte des progrès assez lents de l'idée coopérative avant les améliorations apportées au régime légal des sociétés. Une société coopérative ne pouvait vendre qu'à

ses membres; elle ne devait placer ses fonds que dans
les caisses d'épargne ou en valeurs d'Etat : c'était interdire l'emploi des réserves et des bonis à certaines
œuvres d'enseignement ou de prévoyance; c'était rendre
impossible tout prêt en faveur d'une institution ayant
besoin de secours. Chaque membre était responsable de
toutes les dettes de l'association. En dépit de ces dispositions gênantes, 150 sociétés avaient réussi à vivre.
Heureusement la loi de 1852 (*Industrial and providen*
societies act), fit disparaître la plupart de ces entraves (1).
Les principes de liberté ont prévalu avec la loi de 186.
et ils ont eu les plus heureuses conséquences sur le développement des sociétés distributives.

C'est en 1862, en effet, que s'ouvre la troisième et la
plus brillante période du mouvement dans le Royaume-
Uni.

Les bienfaits de la nouvelle législation ne se firent pas
sentir immédiatement parce que la population du Lancashire, acquise depuis longtemps aux idées d'association
et appelée à les répandre autour d'elle, fut cruellement
éprouvée par la disette de coton, conséquence de la guerre
aux États-Unis. Cette crise terrible aurait pu anéantir
les sociétés existantes : elle en fit ressortir toute la vitalité et mit en évidence les bienfaits que l'on en peut
attendre. La coopération a secouru bien des infortunes
et arraché à la famine des ouvriers sans travail qui ne lui
étaient point affiliés (2). C'est à partir de 1865 seulement
que les sociétés coopératives ont pris une grande extension. Les services rendus par elles au cours de la période

1. De Boyve. *Histoire de la coopération en Angleterre*, p. 14.
2. *Histoire des équitables pionniers de Rochdale*, p. 81.

chômages et de misères qui venait de s'écouler étaient
nature à lui conquérir bien des sympathies et à lui
ıener de nombreuses recrues. L'accroissement des coo-
rateurs de 1862 à 1892 est remarquable. Leur nombre
st élevé de 90,341 en 1862, à 1,250,000 en 1892 (1).
aque associé représentant un ménage de quatre ou cinq
rsonnes, c'est le sixième de la population de la Grande-
retagne qui se trouve enrôlé sous le drapeau de la coo-
'ration.

Le chiffre des affaires a suivi la même progression : de
millions en 1862, il s'est élevé à un milliard 250 mil-
ns en 1892. Les bénéfices nets ressortent à 125 mil-
ns sur lesquels plus de 3 millions sont consacrés à
éducation et à l'instruction des sociétaires. La coopéra-
on possède aujourd'hui 300 millions. Pendant l'année
92, chaque coopérateur a été remboursé de plus de
0 francs sur ce qu'il a consommé. Le goût de l'écono-
ie étant venu avec l'acquisition du capital, il a mis en
'serve pendant ce même exercice une moyenne de
7 francs, ce qui démontre chez la classe ouvrière une
isance relative et un degré de moralité qui lui fait hon-
eur, ainsi qu'à l'institution qui en a été l'habile instru-
ıent.

Ces magnifiques résultats doivent être attribués au
empérament de la race anglo-saxonne portée d'instinct
ers l'association, à l'esprit de discipline des ouvriers
nglais, à l'active propagande, au dévouement et à l'ab-
égation de ces hommes, Holyoake, Vansittart Neale,
udlow, qui ont si courageusement poursuivi la diffusion
e l'idée coopérative et prêté leur concours à son applica-

1. Journal l'*Émancipation*, 1893, p. 85.

tion. La route à suivre par les coopérateurs a été jalonnée dès le point de départ; les écueils ont été signalés et des hommes généreux sont venus en aide à ceux que les difficultés du chemin ou l'éloignement du but portaient au découragement.

Trois points principaux qui caractérisent le mouvement coopératif en Angleterre méritent de fixer l'attention : la valeur des principes posés et suivis par les pionniers de Rochdale; l'importance reconnue au service de propagande et d'instruction; la puissante organisation des sociétés de consommation.

Les équitables pionniers ont eu le mérite d'inscrire dans leurs statuts ces principes féconds que l'on considère avec raison comme la base fondamentale des institutions coopératives :

« Principe de l'argent comptant »,
Principe de la vente au prix du commerce de détail,
Principe de la répartition des dividendes
au prorata des achats.

L'échange des produits contre argent comptant semblera peut-être le résultat d'une impérieuse nécessité, plutôt que la conséquence d'une étude raisonnée des inconvénients du crédit. Les modiques ressources du magasin ne lui permettaient guère de remettre des marchandises à découvert, et d'accroître ainsi les risques de l'entreprise. Ce furent cependant des considérations morales qui firent prendre cette sage décision. Le crédit fut envisagé comme un mal social, funeste au repos, à la dignité, aux intérêts des malheureux qui se laissent enchaîner dans ses liens. Les tisserands se déclarèrent, en conséquence, partisans de la vente au comptant, et jamais ils ne se sont départis de cette ligne de conduite (1).

Envisageant avec la même sûreté de vues la haute portée morale de l'épargne et de l'accumulation des économies, ils admirent comme règle essentielle la vente au prix courant. Cela encore pouvait paraître téméraire ; car le pauvre ne voit que le bénéfice immédiat et il est bien difficile de l'attirer au magasin coopératif par l'espoir d'un dividende à échéance plus ou moins lointaine : il ne croit pas à la fin du trimestre et se montre sceptique à l'égard du bénéfice éventuel. Par lui l'économie de quelques sous est plus appréciée sur l'heure que le gain de quelques francs reporté à une époque qui semble toujours trop éloignée. Ces considérations n'ont cependant pu faire prévaloir le système de vente au prix de revient.

Pénétrés comme ils l'étaient de l'idée de justice, désireux d'arriver à une meilleure répartition de la richesse, les équitables pionniers ne devaient pas hésiter sur le principe à admettre dans la distribution des bénéfices. Ils se sont donc assigné comme règle absolue la division des profits entre tous ceux qui contribuent à les produire : le consommateur entra dans le partage des dividendes proportionnellement à ses achats, et le capital, au lieu d'absorber tout le profit net, dut se contenter d'une rétribution équitable mais limitée.

Cette organisation si parfaite dans sa simplicité a servi de modèle à la plupart des sociétés fondées par la classe ouvrière ; elle a été la cause d'une transformation remarquable qui a fait de l'Angleterre, cette terre classique du

1. *Histoire des équitables pionniers de Rochdale*, p. 11.

paupérisme, l'une des premières nations sous le rapport de la prévoyance, ainsi qu'en témoignent les progrès des sociétés de secours mutuels, des caisses d'épargnes, des sociétés de construction de maisons ouvrières. La coopération est ainsi devenue un instrument de pacification sociale.

L'exemple de la démocratie anglaise aurait dû être suivi par la bourgeoisie. Elle eût trouvé dans le système de Rochdale le moyen de lutter contre le renchérissement de la vie matérielle et de se garantir, par l'épargne et la prévoyance, contre les vicissitudes de la fortune. Au lieu de se préoccuper de l'avenir, elle n'a recherché que le bas prix, joint à la qualité, et l'économie immédiate qui n'apportent aucune amélioration durable. En créant une forme bâtarde de la coopération, les fonctionnaires civils et militaires n'ont réussi qu'à exaspérer le commerce de détail. Il est plus sage de n'employer contre les intermédiaires d'autres armes que la pureté des denrées, la qualité exceptionnellement bonne de tous les articles, la mesure exacte, en un mot la sincérité et la loyauté dans le commerce. L'exemple de l'épargne et de la tolérance doit venir surtout des classes instruites ; une réforme en ce sens rendrait un réel service aux associations qui n'ont pas su apprécier le mérite des institutions ouvrières.

Le succès obtenu par les coopérateurs anglais n'a pas seulement pour origine l'excellence de leur méthode ; l'instruction et la propagande y ont largement contribué.

La première tentative dans cet ordre d'idées est due encore aux équitables pionniers de Rochdale. Dès l'année 1840, la société décida que 2 1/2 0/0 des bénéfices seraient consacrés à l'éducation générale des membres.

a plupart des sociétés sont entrées dans cette voie. On
plaît aujourd'hui à reconnaître que l'ignorance est un
es écueils les plus redoutables contre lequel viennent
chouer les institutions coopératives. C'est à détruire
ette ignorance, à faire connaître l'œuvre, ses résultats
ans le présent et dans l'avenir, que travaillent avec
ersévérance ceux qui ont foi dans cette forme nouvelle
'association. Ils mettent ainsi en pratique les conseils
onnés par le professeur Stuart de Cambridge. « Son
propro succès, a-t-il dit, est un danger pour le mouvement coopératif; il ne tient pas tant à l'accumulation
« de la richesse qu'au trop prompt accroissement du
« capital par rapport à l'éducation. Vos gros chiffres
« deviendront pour vous un obstacle, vos propriétés un
« danger, et vos tentatives de production aboutiront à
« l'insuccès. Le mouvement ne peut pas reposer sur l'in-
« telligence de quelques-uns; mais son succès dépendra
« des masses qui, si elles sont ignorantes, ne pourront
« à aucun égard juger des avantages de telle ou telle
« entreprise industrielle. Les pionniers du mouvement
« n'ont donc pas seulement à créer des capitaux, mais à
« répandre l'éducation parmi les sociétaires; et leurs
« entreprises ne peuvent avoir de succès que si ces deux
« choses marchent de pair ».

Pour vulgariser l'enseignement et relever le niveau
intellectuel et moral de leurs membres, les sociétés ont
eu l'heureuse idée de fonder des bibliothèques, d'organiser et de subventionner des cours, d'entretenir des salles
de lecture, de publier des journaux et des revues d'économie sociale et politique; en un mot, elles recherchent
tout ce qui est propre à développer l'intelligence chez
l'ouvrier, à l'instruire, à le tenir au courant des progrès

de la civilisation. La société de Rochdale possède aujourd'hui une bibliothèque riche de plus de 15.000 volumes : sa vaste salle de lecture renferme tous les journaux politiques, scientifiques et littéraires. Des professeurs enseignent les mathématiques, la physique, la chimie, le dessin, les langues étrangères. C'est aux sacrifices consentis dans un but d'éducation générale que la société doit d'avoir conservé le premier rang parmi les institutions coopératives et d'avoir maintenu intactes les règles posées par ses premiers organisateurs et dans lesquelles se trouve la source principale de sa prospérité et de l'influence salutaire qu'elle a exercée autour d'elle. Elle a compris la nécessité de communiquer aux nouvelles générations les sentiments qui ont animé leurs prédécesseurs. Parmi les jeunes intelligences gagnées à la cause, elle espère trouver de nouveaux chefs pour remplacer les vétérans que la mort fauche sans pitié. Elle vient de frapper le doyen de la coopération anglaise, Vansittart Néale, qui a toujours fait une active propagande en faveur de l'instruction. Sincèrement attaché à l'idée coopérative, il a travaillé à la répandre non-seulement parmi ses concitoyens, mais encore partout où il a rencontré des hommes poursuivant le même idéal. Sa grande expérience a été mise au service de la France, de l'Italie, de l'Allemagne, de la Belgique. En enlevant cet homme de bien qui laisse après lui tant d'œuvres utiles, la mort a mis en deuil les coopérateurs de tout pays.

Si les chefs du mouvement ont reconnu à l'instruction une si grande utilité, c'est qu'ils ont fondé sur la coopération les espérances les plus séduisantes : ils ont vu en elle un moyen de réforme sociale. Leur doctrine peut se résumer de la manière suivante.

Le système de la libre concurrence n'a pas donné tous les résultats que l'on en pouvait attendre. Il a augmenté la production et en a fait abaisser le prix, c'est un avantage incontesté ; mais il tend de plus en plus à répartir inégalement les biens. S'il produit plus de richesses et avec moins de frais, le résultat final n'en est guère satisfaisant ; car la part revenant au capital et au travail dans la production tend sans cesse à diminuer par suite de l'augmentation de la part prélevée par d'inutiles intermédiaires qui interviennent dans la distribution. La concurrence multiplie sans raison ceux qui s'occupent de la circulation des biens. L'organisation actuelle aboutit ainsi à des injustices ; elle exige une réforme qui sera réalisée par le rapprochement du producteur et du consommateur. Les sociétés de consommation interviennent dès lors pour rendre la distribution de la richesse plus conforme à l'équité et à la raison. C'est par leur développement que l'on doit entreprendre la réorganisation de la société. La tentative est facile : elle exige peu de capitaux et sagement conduite elle donne promptement des bénéfices. Les associés acquièrent, par la pratique des affaires, les connaissances qui les rendront aptes aux formes subséquentes de la coopération ; ils réunissent les ressources qui leur permettront d'aborder la production. Les sociétés de consommation doivent viser à vendre des biens produits coopérativement. Avec la réalisation de ce programme, producteurs et consommateurs auront désormais des intérêts identiques. La sécurité des débouchés et l'élimination des grèves deviendraient pour les ateliers coopératifs une garantie de succès et les mettraient à même d'entrer en lutte avec la production capitaliste (1).

1. *Revue d'Économie politique*, 1891, p. 603.

Un équilibre constant entre la demande et l'offre préservera les ouvriers des crises redoutables qui ont leur origine dans l'excès de production. A l'anarchie succèdera l'ordre.

Pour faire passer cette conception séduisante dans le domaine de la réalité, il faut la répandre dans les masses par l'instruction ; il faut multiplier les sociétés distributives sans le secours desquelles la marche en avant est enrayée. A ces besoins répondent l'organisation des congrès et la fédération des sociétés représentées par un Conseil central. De même, pour hâter la constitution et la prospérité des sociétés nouvelles, fut organisé le *magasin de gros* qui devait permettre aux associations les plus pauvres de s'approvisionner aux mêmes conditions que les plus puissantes.

Le premier congrès s'est réuni en 1869 avec 63 délégués auxquels vinrent se joindre des invités de toutes les nations, Russes, Américains, Suédois, Italiens, Français. Les congrès qui se sont régulièrement succédé chaque année, depuis cette époque, ont conservé ce caractère international. L'assemblée se tient dans un centre coopératif. La présidence d'honneur est offerte à quelque notabilité le plus souvent étrangère aux institutions coopératives; c'est un moyen de faire connaître ce mouvement démocratique et de lui gagner un nouveau défenseur. Usant d'une entière liberté, les orateurs ont traité les sujets les plus divers touchant aux questions économiques et sociales. Si l'on doit juger de l'importance des questions par le nombre de fois qu'elles ont été exposées, il faut mettre en première ligne l'instruction, la production, la propagande coopérative, le but de la coopération, la participation des ouvriers aux bénéfices. Les sujets les plus intéressants pour la classe ouvrière ont donc été plusieurs fois l'objet d'une discussion solennelle.

Le premier congrès a amené la formation de l'*Union coopérative de la grande Bretagne*, représentée par le conseil central.

Ce conseil est chargé de défendre les intérêts des coopérateurs devant les pouvoirs publics. Il est le cerveau et le cœur de la coopération ; il assiste les sociétés de ses conseils juridiques et pratiques, il publie des statuts qui peuvent servir de modèle. Il doit rappeler sans cesse les côtés élevés de l'association et de l'aide mutuelle et rechercher les moyens de répandre l'instruction ; à lui incombent enfin le devoir et l'honneur de tenir haut le drapeau sur lequel est inscrit la devise : *tous pour chacun, chacun pour tous.*

Les travaux du comité central sont publiés par le journal, les *Coopérative News*, organe officiel de l'Union. Cette publication, destinée à la propagande, est fondée sur le principe de la coopération ; elle atteint aujourd'hui un tirage de 40.000 exemplaires. Les coopérateurs attachent une grande importance à la diffusion de leur organe officiel ; ils estiment qu'un parti sans journal est comme un oiseau sans ailes. Une revue hebdomadaire leur semble même insuffisante ; au congrès de Bristol (mai 1893), ils ont demandé la création d'un journal quotidien sous le patronage des *Coopérative News* (1).

Mais il ne suffit pas d'indiquer à ceux qui sont aux prises avec les difficultés de la vie le chemin qui peut les conduire au relèvement de leur position et de leur ensei-

---

1. De Boyve. *Histoire et organisation de la Coopération en Angleterre*, p. 22 et s.

gner les principes qui doivent diriger leurs efforts; il faut, en outre, assurer la marche des institutions naissantes au milieu des obstacles et des difficultés de tout ordre que rencontrent des hommes peu expérimentés, et, par un prompt succès, prévenir les défaillances, faire naître la confiance chez les hésitants, désarmer enfin les adversaires. Dans ce but ont été organisés les magasins de gros ou *Wholesale societies*, l'un pour l'Angleterre et l'autre pour l'Ecosse. En vue de démontrer par des faits que la coopération de production vient se greffer sur la coopération de consommation, les Wholesale ont fondé des manufactures appelées à alimenter leur commerce. Nous apprécierons dans un instant la valeur de cette expérience, sur laquelle du reste nous aurons à revenir plus tard.

Dans cette voie nouvelle, comme dans les précédentes, les organisateurs ont pu s'inspirer des tentatives analogues faites par les équitables pionniers.

L'unique magasin de Rochdale était devenu insuffisant pour répondre aux besoins du grand nombre de membres que comptait alors la société. La création de succursales plus voisines de la résidence des membres que le « store » primitif fut mise à l'étude et réunit l'unanimité des suffrages en faveur de l'ouverture de nouveaux magasins. L'organisation des rapports administratifs entre le magasin central et ses dépendances éveilla l'idée d'établir une vaste société de vente en gros au profit de tous les stores coopératifs du nord de l'Angleterre. On était en 1863 : les évènements justifiaient cette tentative. Le nombre des sociétés, d'abord insuffisant pour soutenir un établissement de gros, s'était considérablement accru. On en comptait alors plus de 500 dans le Royaume-Uni :

c nombre était capable d'assurer le succès de l'institution projetée. De plus la nouvelle législation (loi de 1862)
sur les sociétés devait faciliter l'extension du mouvement
et en augmenter la force, en autorisant la forme syndicale, jusque-là interdite.

La recrudescence des attaques dirigées par le petit
commerce faisait un devoir de renforcer les moyens de
défense. La jalousie des détaillants était telle qu'ils
menaçaient les marchands en gros de les abandonner
s'ils conservaient des rapports avec les sociétés de consommation. Enfin les petites sociétés avaient de la peine
à faire leurs achats et à suivre les fluctuations des prix
sur le marché. C'est dans ces circonstances favorables
que fut agitée la question du magasin de gros. Il n'est
pas sans intérêt de reproduire ici les motifs invoqués en
sa faveur ; ils ont conservé toute leur force et méritent
de fixer l'attention de ceux qui, en France, restent hostiles ou indifférents à l'égard d'une institution semblable. On fit valoir les raisons suivantes :

1° Les sociétés auraient leurs denrées à meilleur compte
et plus pures en les recevant du producteur ;

2° Les nouvelles sociétés seraient mises de suite au
même niveau que les plus anciennes et pourraient vendre dans les mêmes conditions que le plus grand négo-
ciant ;

3° Les dividendes des sociétés augmenteraient et s'éga-
liseraient;

4° Les sociétés n'auraient plus à faire des achats considérables pour atteindre les plus bas prix; elles auraient
donc ainsi un capital disponible plus important.

Il était difficile de ne pas souscrire à la justesse de
ces arguments : l'ouverture d'un magasin de gros à Man-

chester fut donc décidée. Pour réunir les capitaux nécessaires à cette nouvelle et considérable entreprise, on
demanda aux sociétés adhérentes une cotisation annuelle
de 2 centimes 1/2 par membre. Les marchandises
achetées sur commande étaient facturées au prix de
revient. Le système de vente à prix coûtant fut vite
abandonné parce qu'il méconnaissait l'une des règles
essentielles qui ont fait le succès des sociétés anglaises;
il fit bientôt place au procédé supérieur de la vente au
prix du gros avec partage des bénéfices au prorata des
acquisitions.

La *Wholesale society* de Manchester fit de rapides progrès et prit un grand essor. Au point de vue de l'installation et du chiffre des affaires, elle surpasse peut-être
aujourd'hui les grands établissements du Louvre et du
Bon Marché, considérés comme les premiers en Europe
et aux Etats-Unis.

L'entreprise fait autant que possible ses achats chez
les producteurs eux-mêmes; elle a créé dans ce but, des
centres d'approvisionnement en Irlande, à Hambourg, à
Copenhague, à New-York, à Rouen. Une flotte de six
navires à vapeur, propriété de l'association, assure les
transports par mer, exportant des produits anglais, important au retour des marchandises continentales achetées à Rouen, à Calais, à Boulogne, à Hambourg, etc. (1).
La puissante société produit une partie des marchandises qu'elle vend : elle a créé des fabriques de vêtements,
de chaussures, de meubles, de savons et d'objets variés
d'usage domestique; elle a mis en exploitation et fait cul-
tiver pour son compte des fermes coopératives en Irlande

1. Coopération au Royaume-Uni. *Le monde économique*, p. 512.

ui fournissent chaque année pour plus de deux millions de denrées alimentaires. Le wholesale n'est pas seulement un acheteur en gros d'épiceries, d'étoffes, de vêtements, un grand chef d'industrie qui occupe 2,200 ouvriers dans ses usines; un armateur dont la flotte va chercher des marchandises dans tous les pays de production, c'est encore un banquier ayant des succursales à Rochdale, à Darwen, à Leicester, à Newcastle, à Londres. La banque est en compte courant avec les principales banques du royaume; les sociétés adhérentes trouvent dans cette extension des rapports commerciaux le moyen d'opérer leurs versements sans frais. Ce remarquable établissement d'industrie, de commerce et de banque est la propriété de la plus grande personnalité coopérative qui existe au monde : 966 sociétés représentant un million de coopérateurs. Son chiffre d'affaires atteint 232 millions par an, sur lesquels les produits des diverses industries figurent pour une somme de 20 millions. Les bénéfices nets ne sont pas inférieurs à trois millions (1).

Dans un avenir prochain, avec la progression constante de leurs succès, les coopérateurs seront les maîtres du marché; car le mouvement s'est étendu à toutes les classes de la population et il est soutenu avec assez d'énergie par le mécanisme perfectionné que nous avons fait connaître pour réduire à l'impuissance le commerce individuel et amener sa disparition. Le wholesale de Manchester n'est pas seul à l'écraser de sa redoutable concurrence. L'Ecosse aussi possède son magasin de gros

1. Voir de Boyve, *op. cit.*, p. 17 et suiv. *Compte-rendu du 6e congrès coopératif*, 1891. Paris. *Economiste français*, 1892, II, p. 679. *Le monde économique*, p. 455.

auquel sont annexées des manufactures de chemises, de vêtements, de chaussures, d'articles d'ameublement, dont le produit annuel s'élève à 4 millions. La clientèle, formée de 268 sociétés, achète pour 77 millions de marchandises et bénéficie d'une ristourne de 2 millions (*Economiste Français* 1892, II, 679). De simples sociétés traitent des affaires aussi importantes : l'association des officiers de terre et de mer, *Army and Navy*, a vu, en 1892, le chiffre de ses ventes atteindre 71 millions : sa jeune sœur, *junior army and navy*, fait un chiffre d'affaires de plus de 25 millions ; les deux sociétés fondées par les fonctionnaires civils, à Londres, arrivent à un aussi brillant résultat avec 66 millions d'affaires. Dans ces divers établissements, les frais généraux sont très restreints et n'excèdent guère la proportion de 8 à 12 pour 100. La coopération peut donc offrir à ses adeptes, aussi bien que les grands magasins, des marchandises de première main et d'irréprochable qualité, supportant des frais généraux aussi réduits que possible et d'autant moins sensibles qu'ils se répartissent sur un gros chiffre d'affaires. Sous ce rapport les deux méthodes présentent les mêmes avantages ; mais la supériorité de la coopération se manifeste dans l'attribution des bénéfices qui, au lieu d'aller au capital, reviennent aux acheteurs et forment une épargne qui ne demande aucun effort. Il y a donc là une forme plus perfectionnée de l'échange ; pour ce motif nous sommes convaincu que la société coopérative de consommation est appelée à transformer l'industrie commerciale, les résultats obtenus en Angleterre ne permettent pas de douter du succès dans ce pays et dans tous ceux qui à son exemple, sauront doter leurs institutions de ce mécanisme ingénieux qui en fait la force et en assure la pros-

érité. En suivant le mouvement chez les autres peuples,
ous verrons se dessiner une tendance à l'imitation cer-
ainement excessive. Les divers organes mis à la disposi-
ion des sociétés d'Outre-Manche sont bien dignes d'exci-
er l'admiration. On peut les considérer à bon droit com-
1e de précieux moyens de réussite. Mais s'il est éminem-
nent utile de prêter attention au fonctionnement des sociétés anglaises, il l'est peut-être moins d'accepter sans
éserve les théories qui ont cours de l'autre côté du détroit
et qui aspirent à faire de la coopération la base d'une
entière réorganisation économique. Il est permis en effet
e concevoir des doutes sur la possibilité de résoudre,
par ce genre d'association, le difficile problème de la
meilleure répartition de la richesse et de la prétendue
émancipation des salariés. Est-il vraiment certain que la
condition de l'ouvrier se trouvera transformée au gré de
es désirs le jour où les sociétés de consommation seront
evenues maîtresses du commerce, de l'industrie et de
'agriculture ?

Ce n'est pas encore le moment de nous prononcer sur
e point délicat. Mais dès maintenant, nous devons constater que les faits observés en Angleterre, c'est-à-dire
sur le champ d'expérience le plus vaste, donnent beaucoup à réfléchir. La coopération y a fondé d'importantes
usines et mis en exploitation de grands domaines ; mais
elle a agi comme tout capitaliste, et n'a pas témoigné à
es auxiliaires plus de bienveillance que les institutions
atronales. Le wholesale anglais, malgré de pressants
appels, refuse au personnel de ses entreprises la participation aux bénéfices. L'ouvrier producteur reste un simple salarié. Sans doute, il serait téméraire d'en conclure
que la règle adoptée par le magasin de gros aura en

quelque sorte, force de loi dans les établissements coopératifs de l'avenir. Mais enfin, il est bon d'opposer la réalité des faits aux espérances plus ou moins chimériques dont on berce les travailleurs en leur faisant entrevoir l'abolition du salariat dans le développement des sociétés de consommation. Comme le remarque M. Paul Leroy-Beaulieu, « il n'est pas besoin de proscrire le « salaire pour faire aux sociétés coopératives, une place, « mille fois plus grande que celle qu'elles occupent « aujourd'hui » (1).

En raison de l'influence qu'elle a exercée au dehors l'organisation coopérative anglaise mériterait une étude plus longue et beaucoup plus détaillée. Notre intention a été d'en faire ressortir les traits essentiels et de montrer le but qu'elle poursuit avec persévérance. A côté d'aspirations qu'il eût été préférable de ne pas encourager, la coopération a donné d'excellents fruits. En facilitant aux ouvriers l'accès du capital, elle a contribué à détruire l'antagonisme, et à faire naître l'harmonie entre les deux facteurs les plus importants de la production ; elle a été l'âme d'un mouvement plutôt conservateur, et qui répudie toute alliance avec ceux qui ne voient de salut que dans une réforme violente, ou dans l'absorption de l'individu par l'Etat. Les coopérateurs anglais n'attendent point un meilleur avenir de l'intervention des pouvoirs publics, mais de la combinaison des efforts individuels, des libres initiatives. Le chemin qu'ils prennent ne saurait être dangereux pour la société. Sur eux, la possession du capital exerce la même heureuse influence que la possession du sol sur les ouvriers du continent. Dans sa

1. *Economiste français*, 1886, II, p. 431.

remarquable étude sur la *Coopération au Royaume Uni*, ubliée par le *Monde économique*, M. Brelay constate 'galement les heureux effets du groupement coopératif 1893, p. 567). Nous lui empruntons les lignes suivantes jui nous paraissent bien résumer l'état du mouvement lans la Grande Bretagne. « La coopération bat son plein « en Angleterre et en Ecosse : elle continue à s'y déve- « lopper sous la forme des *distributive societies ;* et depuis « un demi-siècle environ qu'elle a débuté, on peut dire « que ses progrès matériels et moraux ont fait grand « honneur à la population ouvrière qui compose presque « totalement sa clientèle » (p. 372).

Allemagne (1).

Ce qui caractérise le mouvement coopératif en Allemagne, c'est l'extension donnée aux institutions de crédit sous l'action dévouée de deux hommes éminents, Schulze-Delitzsch et Raiffeisen, qui ont consacré leur vie au développement économique des classes laborieuses. Appliquées à la consommation, les sociétés coopératives ne montrent pas sur le sol allemand la fécondité et l'ampleur remarquées sur le territoire britannique. Elles embrassent cependant, dans leur ensemble, le domaine de la consommation domestique, industrielle et agricole. C'est dans la fourniture des matières premières, utiles à l'industrie, que le mouvement prit son origine. La première institution de cette nature, due à l'initiative de Schulze-Delitzsch, fut fondée par un groupe de menui-

---

1. *Revue d'économie politique*, septembre 1892.

siers en 1849. Cet exemple fut suivi par d'autres artisans, tailleurs, cordonniers, etc. La Saxe et le Brunswick,
possédèrent bientôt un grand nombre de ces associations
dont les résultats favorables avaient engagé Schulze à
entreprendre une certaine propagande en vue de les
répandre davantage. Ces institutions ont été vite dépas-
sées par les banques populaires ; elles n'ont pas réussi à
prendre un développement en rapport avec les services
qu'elles peuvent rendre. La société de crédit fournit le
capital d'exploitation : la société de matières premières
eût dû procurer les matériaux bruts aux conditions avantageuses qu'offre l'achat en gros. En outre, elle aurait pu
jouer un rôle considérable en ajoutant à l'achat des
matières premières l'acquisition et le louage de machines
et d'outils. On n'a pas tiré de ce mécanisme ce qu'il porte
en lui-même au point de vue du progrès industriel.
Depuis quelques années, le nombre des sociétés de ce
groupe tend à décroître : il était de 168 en 1875 ; il est
tombé à 120 en 1891.

La coopération a pris plus d'extension sur le terrain
de l'agriculture ; mais son influence s'est fait sentir beaucoup plus tard. Les premiers essais datent de l'année
1866, époque où l'agriculture a senti le besoin de perfectionner ses moyens de production, afin de soutenir
avec plus de succès la concurrence des pays étrangers.
Il fallait poursuivre l'amélioration et le bon marché dans
la production. Or, la coopération offre aux petites exploitations agricoles les mêmes avantages qu'aux petites
entreprises industrielles : toutes deux sont aux prises
avec des difficultés de même ordre : matière première
toujours trop chère et souvent mauvaise ; production peu
importante et quelquefois défectueuse.

Restant isolés, les agriculteurs sont contraints de s'adresser à des intermédiaires sans garantie et reçoivent des produits dont ils ne peuvent contrôler la qualité par l'analyse chimique. L'achat en commun permet de s'approvisionner à meilleure source et de recourir à l'analyse, sans accroissement de dépenses. Les agriculteurs se sont donc associés pour effectuer ensemble l'achat des semences, des engrais, des fourrages, des instruments utilisés dans leurs exploitations. Cette organisation s'est complétée par la location de machines diverses, et la création de magasins où se fait la vente des produits agricoles. Il est presque inutile de faire remarquer l'analogie qui existe entre ce mouvement et celui qui résulte en France de la formation des syndicats agricoles.

Les sociétés d'agriculteurs ont pris un grand développement; elles sont de plus en plus nombreuses. Voici des chiffres qui en attestent l'extension remarquable : au nombre de 360 en 1880, elles atteignent le chiffre de 1200 en 1892 (1).

Les sociétés de consommation qui poursuivent l'amélioration des conditions de l'existence se sont répandues surtout depuis 1860. Leurs progrès, depuis cette époque, sont dus en grande partie à l'agitation de Lassalle et aux débats que la théorie coopérative fit naître dans les assemblées d'ouvriers et qui permirent de lui conquérir de chauds partisans. Lassalle développait alors sa doctrine sur les funestes effets de l'isolement et sur l'impossibilité pour l'ouvrier de trouver dans le principe de *l'aide-toi toi-même* un moyen de relèvement et d'émancipation : il préconisait l'intervention de l'État. Cette théo-

---

1. *Almanach de la coopération française,* 1891, p. 69.

rie fut vivement combattue par Schulze-Delitzsch qui a
toujours repoussé l'ingérence de l'État. Dans ces dernières années, les idées de Lassalle ont été reprises par certains réformateurs qui n'hésitent pas à réclamer l'assistance de l'État, sous forme de secours accordés aux
associations par la banque de l'Empire. On sent ici l'influence persistante du socialisme français et un certain
penchant vers le socialisme d'État. Le promoteur du mouvement n'a obtenu jusqu'à ce jour que de maigres résultats; son action n'en est pas moins funeste, car elle
répand de faux principes, capables d'entraver le développement économique.

On constate encore, en Allemagne, un mouvement analogue à celui que nous observerons en Belgique : la création de sociétés coopératives par les socialistes en vue
d'utiliser les bénéfices qu'elles procurent à la réalisation
de leur plan de réformes. Ces tentatives n'ont pas acquis
une grande importance; elles sont d'ailleurs gênées par
la loi sur les associations et leur existence est le plus
souvent éphémère. Elles n'ont cependant pas toutes
échoué. Certaines sociétés de consommation sont prospères et elles reposent sur de sages principes, ce qui justifie
le jugement de Schulze-Delitzsch, à savoir « qu'un
« socialiste qui entre dans une association pour améliorer
« la situation économique cesse par là-même d'être socia-
« liste (1). »

La plupart des sociétés de consommation allemandes
font une application assez incomplète des principes de
Rochdale. Elles pratiquent bien la vente au prix courant et la répartition des dividendes proportionnellement

1. *Rev. d'Économie politique*, 1892, p. 1001.

aux achats ; mais l'habitude du crédit y est fort répandue, ce qui affaiblit les meilleurs effets de la coopération.
Elles ont été mieux dirigées en ce qui concerne l'enseignement et les œuvres de prévoyance.

Une partie des profits est destinée à l'instruction populaire et à la bienfaisance : les dépenses consacrées à ces
œuvres ont atteint 95,000 francs pendant l'année 1891 et
un million et demi depuis l'origine du mouvement (1).

Ces sommes ont servi à la fondation de bibliothèques
populaires, d'écoles d'adultes, d'institutions pour l'instruction professionnelle, et à des œuvres d'assistance
mutuelle. La portée morale et économique de l'enseignement n'est cependant pas comprise par toutes les sociétés. L'une des plus prospères, la plus considérable du
monde entier, la société de Breslau, réalise annuellement
1.298.000 francs de bénéfices nets et ne juge pas à propos d'en distraire même une faible partie au profit des
œuvres d'éducation et d'intérêt collectif (2).

La statistique des sociétés de consommation, le nombre
de leurs membres et le chiffre de leurs affaires peuvent
donner une idée de leur importance. L'Allemagne possédait, en 1892, 1283 sociétés de consommation, inégalement réparties sur tous les points de l'empire : les provinces de Silésie et de Saxe en ont relativement le plus
grand nombre. Beaucoup de sociétés ne publient pas leur
bilan : les chiffres ci-après ne s'appliquent qu'à celles faisant connaître leur situation financière ; elles représentent le quart seulement de l'effectif total, mais elles sont
les plus prospères et les plus importantes.

1. *Almanach de la coopération française*, 1893, p. 89.
2. *Op. cit.*, p. 89.

344 sociétés réunissent un ensemble de 243. 500 coopérateurs, distribuent pour 84 millions de marchandises et
réalisent près de 7 millions de bénéfices nets sur lesquels
nous l'avons vu, est prélevée une certaine somme destinée à l'éducation des sociétaires. Ce résultat peut parai-
tre modeste si on le rapproche des chiffres relevés pour
l'Angleterre. Mais il faut tenir compte d'une disposition
restrictive de la loi allemande du 1er mai 1889, la défense
de vendre à ceux qui ne font pas partie de la société. La
loi anglaise se montre plus libérale.

Malgré ces entraves créées par la jalousie du commerce
de détail, certaines sociétés se sont élevées à un haut
degré de prospérité. En tête de ces institutions se place
la société de Breslau : elle comptait, en 1891, 31200 membres qui représentent sans doute là moitié de la population de la ville. Avec ses 48 magasins répartis dans les
divers quartiers, elle vend pour onze millions et demi de
marchandises et procure à sa nombreuse clientèle un profit moyen de 10 0/0 sur le montant des achats.

Si la population allemande accorde ses préférences aux
banques populaires dont le nombre s'élève à 4400, elle ne
méconnaît pas cependant les mérites, au point de vue
économique et moral, de l'achat en commun des denrées
alimentaires; elle y voit, outre la réduction des dépenses
domestiques, le moyen d'épargner sans la moindre privation, de faire comprendre l'importance du capital, et
par la participation à l'administration de la société, une
excellente occasion de s'initier à la direction des entreprises industrielles et commerciales. Jalouses peut-être à
l'excès de leur indépendance, les sociétés de consommation ont vécu dans l'isolement. Leur maître s'est cependant efforcé de les grouper et il est parvenu à fonder

l'*Union des sociétés coopératives de l'Allemagne*, avec un noyau de 150 sociétés de toutes espèces ; dans ces sociétés alliées, les banques populaires occupaient une place prépondérante. Aujourd'hui les avantages de la fédération paraissent mieux compris par tous les groupes coopératifs. D'ailleurs c'est toute l'organisation anglaise qui semble à la veille d'être adoptée en Allemagne.

La création d'une agence générale d'achats en gros y est sérieusement étudiée. Les petites sociétés sont invitées à s'unir pour leurs achats avec les sociétés plus importantes. L'attention ne se concentre pas seulement sur les sociétés de consommation; on se préoccupe au même degré de favoriser la production coopérative, considérée par Schulze-Delitzsch comme la clef de voûte de l'édifice. « N'attendez rien que de vous-mêmes, disait-il
« aux ouvriers ; travaillez, ouvrez et suivez des cours
« pour perfectionner votre instruction ; économisez, met-
« tez votre épargne en commun, achetez en commun,
« aux prix du gros, vos denrées de consommation et vos
« matières premières ; faites-vous crédit les uns aux au-
« tres par l'institution de banques populaires et quand,
« par l'accumulation et la mise en commun de toutes vos
« petites épargnes, vous aurez réussi à réunir une
« somme un peu considérable, fondez des ateliers coopé-
« ratifs, des sociétés coopératives de production, qui vous
« permettront d'être à la fois ouvriers et patrons. Avec
« le bénéfice de vos premières opérations vous pourrez
« faire de nouvelles tentatives, étendre le cercle de vos
« opérations et ainsi, peu à peu, insensiblement, vous
« arriverez à substituer le régime de l'atelier coopératif
« à celui de l'industrie actuelle » (1). L'école anglaise,

1. René Lavollée, *Classes ouvrières en Europe*, p. 155.

nous l'avons vu, prétend arriver au même but mais par
une voie différente ; elle subordonne la production à la
consommation ; elle rend tributaires de celle-ci les usines
et les manufactures coopératives. En louant leurs services aux patrons coopérateurs, les ouvriers n'ont pas vu
leur situation sensiblement améliorée.

L'association productive, indépendante, est mieux à
même de résoudre leurs désidérata ; mais elle ne sera de
longtemps accessible qu'à une faible minorité, à un petit
nombre d'ouvriers d'élite qui puiseront en elle le moyen
de s'élever au rang de patrons. A la fin de sa carrière,
Schulze-Delitzsch semble avoir douté de l'efficacité du
système qu'il avait d'abord jugé capable de rendre les
ouvriers maîtres de la production (1): toute son activité
s'est concentrée sur les banques populaires. Mais les travaux des plus récents congrès révèlent chez ses disciples
le désir de conduire l'œuvre du maître au but qu'il lui
avait assigné. Au moment où, en Allemagne, nombre
d'ouvriers tournent leurs regards vers l'Etat providence,
prêts à accepter son ingérence de plus en plus marquée,
il ne faut pas trop regretter de voir les coopérateurs
repousser la dangereuse intervention de l'Etat, affirmer
leurs tendances individualistes et placer leur confiance
dans le principe de l'*aide-toi toi-même* appliqué non plus
seulement à la consommation et au crédit mais encore à
la production. « La tendance générale qui se dégage des
« travaux du congrès tenu à Munich, en 1892, est l'ex-
« tension de l'activité sociale à la création de sociétés
« coopératives de consommation et de production. L'ins-
« trument créé par Schulze, la société de crédit, doit

1. Hubert-Valleroux, *Associations coopératives,* p. 413.

« être, dans la pensée de ses disciples un appareil de
« régénération sociale complet: il ne doit pas être un
« aboutissement, mais au contraire la première étape
« d'un progrès indéfini, la base solide sur laquelle on
« s'appuiera pour accroître dans tous les sens l'influence
« de l'esprit d'association et multiplier les entreprises
« qui en découlent (1) ».

L'idée coopérative va sans doute prendre une nouvelle
force sous l'impulsion des efforts dépensés pour la
répandre et en démontrer la puissance bienfaisante. Ces
efforts sont louables et témoignent d'une sollicitude
éclairée à l'égard des classes laborieuses; ils poursuivent d'utiles réformes par des moyens pacifiques ; ils n'ex-
citent point les mauvaises passions, ils ne sèment ni la
jalousie ni la haine et justifient pleinement cette parole
de Schulze-Delitzsch, critiquant l'interdiction d'un congrès international à Paris en 1867 : *la coopération, c'est
la paix !*

Italie (2).

De même qu'en Allemagne, le mouvement coopératif
s'est porté de préférence, en Italie, vers les institutions
de crédit populaire. Celles-ci sont très florissantes, les
dernières statistiques estiment qu'elles mettent en jeu des
capitaux évalués à 115 millions, en comprenant à la fois
le capital versé et les réserves accumulées. La coopération
de consommation a-t-elle trouvé un terrain moins favora-

1. *L'Emancipation*, 15 mars 1893, p. 41.
2. *Revue d'économie politique*, août et décembre 1892.

ble ? ne répond-elle pas à des besoins aussi pressants ?
Certes il serait imprudent de l'affirmer ; car, en Italie,
comme partout ailleurs en Europe, le consommateur
souffre de la multiplicité des intermédiaires de l'échange.
Mais les hommes d'initiative ont rencontré de sérieux
obstacles dans l'hostilité du commerce de détail ; de plus,
les tracasseries du fisc ont lassé bien des bonnes volon-
tés. Partout on rencontre les mêmes causes et l'on constate les mêmes effets : le détaillant lutte avec désespoir
contre la création et le développement de sociétés qui
menacent de tarir la source de ses bénéfices, et il trouve
dans l'ambiguïté de certaines dispositions législatives et
dans le zèle parfois immodéré des agents du fisc des alliés
tout puissants. Les sociétés italiennes n'ont pas été sous-
traites à cette loi en quelque sorte générale. Ainsi un
texte de la loi financière exonère du payement des droits
de consommation les articles distribués par les sociétés
coopératives, exclusivement à titre de bienfaisance et
consommés dans la maison de celui qui les a reçus. L'expression vague des mots « à titre de bienfaisance » et le
sens peu précis de l'ensemble de l'article ont été pour les
magasins coopératifs l'occasion de nombreux ennuis, sous
prétexte qu'ils ne vendaient pas au prix de revient et à
leurs seuls associés. Les tribunaux ne se sont pas toujours montrés aussi bienveillants pour les sociétés que
pour le fisc.

Ces difficultés ont été nuisibles au développement des
magasins coopératifs ; elles n'ont cependant pas paru
insurmontables. Les sociétés de secours mutuels, au
nombre de plus de 5,000 et comptant 800,000 membres,
n'ont pas craint d'entrer dans l'arène coopérative; elles
ont pris une très grande part à l'organisation des maga-

sins d'approvisionnement. La clientèle qu'elles amenaient
offrait des garanties particulières de succès : elle était,
en général, formée d'ouvriers ayant contracté des habitudes d'ordre et d'économie, se connaissant bien, pratiquant la même industrie ou groupés autour d'établissements voisins. C'est ainsi que les sociétés de consommation ont pris naissance dans les centres industriels, où
l'agglomération accroît par elle-même le coût de l'existence. D'autres institutions, composés d'éléments moins
homogènes, ont ensuite surgi sur presque tous les points
du royaume et sont arrivées à des degrés variables de
prospérité.

Les sociétés de secours mutuels ont imprimé aux
sociétés de consommation leur caractère propre, celui de
secours et d'assistance ; elles ont négligé à tort d'inspirer
le goût de l'épargne au moyen de l'accumulation des dividendes. Aussi le système du bon marché est-il en honneur dans la majorité des associations et la vente s'y fait-
elle, par conséquent, au plus bas prix possible. Le premier magasin a été ouvert à Turin, en 1854, sous la
tutelle et avec l'aide financière d'une puissante institution
de mutualité : il doit à son origine de vendre au prix
coûtant, augmenté seulement de 4 0/0 pour les frais généraux. Cette faible majoration lui a suffi pour corriger
d'une manière heureuse les inconvénients du système.
Le magasin ne recherche pas les bénéfices : néanmoins il
en fait; car il est nécessaire d'arrondir les prix pour la
vente, et, les opérations s'élevant à près d'un million de
francs, les centimes ou fractions de centimes finissent
par faire des milliers de francs. Ce bénéfice est versé par
moitié à la caisse de réserve pour la pension des sociétaires incapables de travailler. Une autre association qui

a également son siège à Turin, celle des employés de chemin de fer a donné aux bénéfices obtenus par un procédé identique une destination aussi intéressante. En 1882, elle a passé un traité de dix ans avec une compagnie d'assurances en cas de décès ; elle lui verse chaque année une cotisation de 6 fr. 63 prélevée sur les profits, pour chacun des sociétaires. La compagnie s'est engagée à verser à la famille de tout sociétaire, décédé pendant la période d'exécution du contrat, une somme de 450 fr., portée à 500 fr. si l'on y ajoute le remboursement d'une action par le magasin. Ce petit capital est d'une grande utilité pour la famille au moment où elle est éprouvée par la perte de son chef, quelquefois son unique soutien (1).

L'influence des sociétés de secours mutuel se manifeste à d'autres point de vue. On pourrait citer, par exemple, telle société qui, chaque année, distribue la plus forte partie de ses profits aux pauvres de la localité, telle autre qui les emploie à soulager les familles momentanément privées de leur soutien par le service militaire.

La statistique des sociétés de consommation italiennes est encore assez imparfaitement établie ; par indifférence et même par crainte, certaines associations ne se font pas connaître. Des recherches patientes ont cependant fait découvrir l'existence, en 1889, de 681 magasins coopératifs, sur lesquels 289 sont annexés à des sociétés de secours mutuels (2).

En général, leurs opérations se bornent à la vente des denrées alimentaires ; les boulangeries sont peu nom-

1. Journal, l'*Union militaire*, 7 avril 1891.
2. *Almanach de la Coopération Française*, p. 90.

breuses. Les ventes se font, soit au prix de revient, soit
au prix du commerce de détail. Ce dernier système est
le moins en faveur quoique le plus recommandable à tous
égards. Le payement au comptant est imposé dans le
plus grand nombre des associations ; neanmoins le crédit
est accepté comme un mal nécessaire pour mieux lutter
contre les détaillants. Avec les procédés de vente que
nous venons d'indiquer, les bénéfices ne sauraient être
importants et leur emploi présente, pour ce motif, un
moindre intérêt. Quant il en est réalisé, les coopérateurs
les appliquent le plus souvent à la pension de retraite et à
l'assurance en cas de décès; le jour où ils renonceront à
la recherche presque exclusive du bon marché, ils pourront donner plus d'extension à la prévoyance et assurer
d'une façon plus complète la sécurité dans la vieillesse
sans cependant sacrifier le bien-être immédiat.

Quoique assez étendue, ainsi qu'en témoigne le nombre des sociétés, la coopération de consommation est
restée longtemps indécise et très réservée. Dans ces dernières années, le mouvement semble avoir reçu une nouvelle impulsion dont les résultats commencent à se faire
sentir. De nouvelles institutions ont été fondées et celles
qui existaient ont donné à leurs affaires un sérieux développement. Pour n'en fournir qu'un exemple, nous pouvons citer l'*Union Coopérative de Milan*, qui a vu son
capital passer de 29000 francs à 825,000 francs; le chiffre
des ventes accuse un égal progrès: de 86,000 francs, en
1888, il s'est élevé, en 1891, à 2 millions et demi avec un
profit net de 108,000 francs. Si toutes les sociétés ne
peuvent enregistrer un accroissement aussi remarquable,
elles ont cependant à leur actif de magnifiques succès.
On est peut-être autorisé à en attribuer le mérite aux

coopérateurs milanais qui, les premiers, ont jeté sur le sol italien la semence des Congrès. Faibles dans l'isolement, les sociétés ont puisé une nouvelle vigueur dans la fédération issue du premier congrès tenu à Milan au mois d'octobre 1886.

Elles possèdent aujourd'hui les divers organes qui, en Angleterre, ont puissamment aidé l'expansion coopérative : comité central, magasin de gros imité des *wholesales*, journal destiné à la propagande, la *Coopération italienne*. L'idée du bien-être matériel doit être rehaussée par la recherche d'une plus grande culture de l'esprit et d'un plus grand développement des facultés morales. Les coopérateurs l'ont ainsi compris : « dans aucune société « coopérative italienne, la part destinée à un but moral « et de fraternité ne fait défaut (1). » Mais les ressources destinées à l'instruction et à l'éducation sont forcément très limitées en raison des faibles bénéfices réalisés par le plus grand nombre des sociétés qui pratiquent la vente à prix coûtant. A cette méthode défectueuse, les chefs du mouvement s'efforcent de substituer la seule vraiment rationnelle et féconde, celle de la vente au prix courant, source de progrès moral et moyen supérieur d'assurer une large extension aux œuvres coopératives. Quand cette réforme sera accomplie et se sera complétée par la restriction du crédit aux seuls cas où la nécessité fait loi, crises, chômages, maladie, etc., la coopération italienne donnera son maximum d'effet utile. Les hommes éminents, MM. Luiggi Luzzati et Ugo Rabbeno, qui lui apportent le puissant concours de leur expérience et de leur science, réussiront à faire triompher la vraie doc-

1. *Congrès coopératif de Tours*, 1887, p. 32.

trino et à lancer le mouvement coopératif dans la voie qui procure les meilleurs avantages économiques et moraux.

Suisse.

Les sociétés suisses apparaissent comme une démonstration éclatante de l'évolution économique qui se produit dans le système des échanges. Eu égard à sa population et à l'étendue de son territoire, la Suisse est une des nations européennes qui ont fait la plus large application de la doctrine coopérative, et cela dans des conditions tout à fait exceptionnelles. Pour les faire connaître, nous empruntons à M. Edmond Pictet, président de la *société coopérative suisse de consommation à Genève*, le passage suivant du rapport adressé au Congrès de Tours en 1887.

« Seule entre tous les pays à moi connus, la Suisse ne
« présente encore aucun groupement entre associations
« coopératives. Pas le moindre rudiment de ligue, ni de
« fédération, non plus qu'aucun journal spécialement con-
« sacré à cette forme de la mutualité. Et cependant la
« coopération a jeté dans ce pays d'assez abondantes
« racines pour qu'on y compte à cette heure, pas moins
« de 147 sociétés de consommation, soit une augmenta-
« tion de 17 pour 100 sur le chiffre d'il y a trois ans.
« L'ensemble de leurs transactions annuelles doit attein-
« dre bien près de quinze millions de francs.
« Il est à remarquer que ces sociétés ont pris naissance
« graduellement sur tous les points du pays, dans les
« villages comme dans les villes, dans les cantons de
« langue allemande comme dans ceux de langue française

« ou italienne, sans qu'il y ait eu aucune entente préala-
« ble entre les consommateurs des divers cantons, ni
« aucune campagne de propagande par la voie de la
« presse. Elles sont sorties de terre d'elles-mêmes, pour
« ainsi dire, chacune à son heure, preuve qu'elles sont
« bien l'expression de besoins véritables dans la popula-
« tion. »

« L'isolement dans lequel elles vivent à l'égard les
« unes des autres s'explique assez facilement par le fait
« qu'en Suisse l'autonomie locale est la règle et la cen-
« tralisation l'exception. Des siècles d'indépendance can-
« tonale, jointe à des circonstances locales très diverses,
« ont donné à la population de chaque état des mœurs et
« des habitudes d'esprit assez différentes pour rendre
« difficile ce groupement entre associations libres qui
« s'est effectué ailleurs au grand profit de l'ensemble
« des consommateurs. Nous espérons cependant qu'un
« jour viendra où la Suisse possèdera, elle aussi, sa
« fédération coopérative. En présence de tendances pro-
« tectionnistes, dont le résultat le plus clair est de ren-
« chérir considérablement, pour l'ouvrir, le coût de
« l'existence, une pareille union entre consommateurs a sa
« raison d'être. » (Les faits prévus se sont accomplis et
ils ont eu pour conséquence d'obliger les consommateurs
à renforcer leurs moyens d'action et de défense : ils ont
provoqué le rapprochement des diverses institutions dans
les circonstances que nous exposerons tout à l'heure).

Le succès des associations helvétiques n'est pas dû,
comme dans plusieurs autres pays, à une personnalité
éminente qui les a inspirées, aidées de ses conseils et
soutenues au milieu des obstacles que rencontrent toujours les œuvres naissantes. Il n'en atteste qu'avec plus

de force le besoin unanime éprouvé par les conso amateurs de se soustraire aux exigences et aux abus du commerce. Guidé par le bon sens et poussé par le désir inné chez tout homme d'accroître son bien-être, le peuple suisse a facilement trouvé dans la coopération la meilleure solution du problème. Aura-t-il des aspirations plus hautes? Verra-t il dans le développement progressif de la théorie coopérative le moyen d'arriver à une rénovation sociale? En l'état actuel, il est difficile de se prononcer sur le programme qui triomphera au sein de la fédération qui vient de se fonder. Mais si le présent prépare l'avenir, on peut avoir pleine confiance dans la bonne direction du mouvement, parce que les principes aujourd'hui mis en pratique respectent les articles de foi du credo coopératif :

> *Vente au comptant,*
> *Vente au prix courant,*
> *Répartition des bénéfices au prorata des achats.*

L'association qui repose sur ces bases poursuit déjà un but qui n'est pas sans grandeur; elle ne se borne pas à procurer la vie à bon marché; elle se préoccupe encore de constituer un mécanisme d'épargne, pour ainsi dire, automatique, d'initier ses membres à l'administration des affaires, enfin, selon l'heureuse expression de M. Edmond Pictet, elle établit un solide garde-fou contre le vertige des utopies socialistes.

En Suisse, on dénombre facilement les sociétés coopératives en consultant le registre officiel du commerce où l'inscription de toutes les sociétés est obligatoire. Mais il est moins facile de se renseigner sur la marche des opérations, le nombre de leurs membres et sur leur situation financière. Pour l'ensemble des sociétés, les résultats indiquent un état très prospère, puisque les bénéfices annuels permettent une restitution moyenne de 10 pour cent sur le montant des ventes. Les sociétés de Zurich, de Bâle, de Saint Gall, d'Olten, de Lausanne, sont particulièrement florissantes. La société de Bâle tient le premier rang avec un chiffre d'affaires de 4 millions et demi pour l'année 1890 ; elle compte 8952 membres ; c'est-là un succès d'autant plus remarquable qu'elle a eu à soutenir de rudes assauts de la part des commerçants jaloux de sa prospérité. Les bénéfices nets ressortent à 343,000 et sont ainsi répartis :

20 0/0 à la réserve.

5 0/0 à titre de gratification au personnel.

75 0/0 aux acheteurs qui recouvrent environ 8 0/0 sur le montant de leur consommation (1). Ce dividende peut paraître un peu faible si on le rapproche de ceux distribués par d'autres magasins et notamment par la société de Genève citée plus loin. Le conseil d'administration fait observer que ce tantième ne représente qu'une fraction des profits réalisés par les consommateurs et qu'on peut les évaluer de 15 à 20 0/0 sur les achats tant par le prix qui est un peu inférieur à celui des débitants qu'en raison de la pureté des denrées et des avantages résultant de la suppression de toute vente à crédit. La société n'est pas seulement parvenue à faire contracter l'habitude de l'achat au comptant, elle a encore développé le goût de l'épargne par la capitalisation des bénéfices. Beaucoup de coopérateurs laissent dans la caisse de la société la

1. *Economiste français*, tome II. 1891.

part de profits à laquelle ils ont droit et lui procurent, de la sorte, les fonds de roulement nécessaires. Le mouvement des capitaux se trouve maintenant assuré par les seules ressources provenant des dépôts et de la réserve sociale.

A côté de cette belle œuvre de mutualité, la société de consommation de Genève mérite une place honorable. Les sociétaires sont au nombre de 3000 et chacun ne peut détenir qu'une seule action, dont la valeur nominale est de dix francs. Les ventes ne sont pas loin d'atteindre un million. Les bénéfices, auxquels participe le personnel salarié, permettent de restituer aux acheteurs 12 0/0 de leurs dépenses. Ces résultats sont fort beaux : ce qui ne l'est pas moins, c'est l'aperçu présenté, en 1888, par le conseil d'administration pour mettre en lumière les avantages de la coopération au point de vue de l'épargne et de la prévoyance. Au bout de 20 ans, les profits capitalisés représenteraient une somme de 1130 francs. Consacrés à une assurance sur la vie, ils produiraient 2.200 francs payables aux héritiers de l'assuré ; employés à l'acquisition d'une rente viagère, ils fourniraient 150 à 200 francs selon l'âge du bénéficiaire. Pour obtenir ce capital ou cette rente que faut-il au consommateur ? une somme de dix francs et l'habitude de payer comptant ses dépenses journalières d'entretien.

Sans obéir à aucun programme, abandonnées à leur propre initiative, les sociétés de consommation ont fait œuvre utile et rendu des services appréciables. Ce n'est pas à dire que, dans une alliance qui leur eût permis de combiner leurs efforts, elles n'auraient pas trouvé un moyen plus efficace de répandre leur influence et leurs bienfaits, et de prendre une plus large place dans le domaine de la spéculation scientifique aussi bien que dans celui des applications pratiques. La réforme s'est produite sous la pression des événements en 1891.

La création de liens fédératifs entre les divers groupes de consommateurs a été jugée nécessaire pour mieux assurer la défense des intérêts compromis par les tendances protectionnistes. La Suisse possédait alors 150 sociétés distributives : 40 d'entre elles, appartenant à 14 cantons différents, ont vite formé le noyau de l'Union qui a modelé ses statuts sur ceux de la fédération britannique. Le comité directeur est celui de la société de Bâle dont l'importance a été signalée précédemment. Il s'est empressé d'entrer en lutte pour combattre le relèvement des droits de douanes : il a organisé une levée de boucliers contre le protectionnisme sous forme d'agitation, de protestation et de pétitionnement. L'opposition, aussi ardente que régulière, s'est appuyée sur la Constitution fédérale dont l'article 29 est méconnu. Il prescrit, en effet, de taxer aussi bas que possible les matières et objets nécessaires à la vie et de ne soumettre aux taxes les plus élevées que les articles de luxe. Or, le nouveau tarif englobe dans la consommation de luxe la viande, le pain, le beurre, les fruits, etc., etc.; il double, triple et quadruple même les droits auxquels ces denrées étaient assujetties. L'utilité d'une alliance défensive a été vite démontrée ; car le syndicat des coopérateurs a groupé assez d'adversaires de la loi douanière pour exiger l'épreuve du *referendum*.

Le rejet de cette loi eût été une brillante victoire pour les sociétés de consommation. Malheureusement il n'a pas été possible d'arrêter le courant protectionniste qui a envahi la Suisse comme les autres pays de l'Europe.

L'entente des coopérateurs n'en reste que plus justifiée : elle permettra de compenser en partie, par les avantages de l'achat en commun, les charges nouvelles qui vont peser sur les consommateurs.

Au reste, ce n'est pas seulement sur le terrain de la consommation que les coopérateurs auront à déployer leur activité. Le moment est venu pour eux de prendre parti dans une question d'intérêt supérieur. La Suisse discute, en effet, les bases d'une nouvelle organisation industrielle. Les adversaires du principe libéral paraissent nombreux ; ils formulent contre le régime actuel des critiques que les coopérateurs approuvent, s'ils n'acceptent pas les remèdes proposés.

Les griefs visent la production à outrance, qui ne tient pas compte des besoins, et la concurrence effrénée qui a rendu la situation difficile pour tout le monde. Les patrons se plaignent de la concurrence excessive qui leur est faite : s'ils veulent bien agir, se conformer aux principes techniques, en un mot se soucier de leur métier, ils se trouvent dans des conditions d'infériorité vis-à-vis de ceux qui ne recherchent que la concurrence déloyale. Les ouvriers se plaignent des chômages et des incertitudes de l'avenir. La clientèle se plaint du manque d'honnêteté commerciale (1). C'est la condamnation de l'ordre de choses actuel. Et quel remède propose-t-on ? La suppression de la liberté industrielle, c'est-à-dire l'abandon de tout le terrain conquis au lendemain de la disparition du régime corporatif. Le socialisme chrétien offre comme solution un retour plus ou moins déguisé vers cette association corporative qui a tenu compte « dans ses règle-

1. Journal la *Tribune de Genève*, 30 mars 1893.

ments, des revendications formulées aujourd'hui par les travailleurs. » Le socialisme d'Etat accepte aussi les entraves apportées à la liberté. Il appartient aux coopérateurs de lutter avec énergie contre ce courant antilibéral et de se rallier à un mode d'organisation qui concilie les intérêts légitimes du capital et du travail, assure une répartition équitable des bénéfices de la production et contribue au développement de l'activité humaine sans lui imposer le sacrifice de la liberté. La question sociale est née en Suisse aussi bien que chez les autres nations de l'Europe. Si la coopération ne peut améliorer l'ensemble d'un système économique reconnu défectueux, elle n'est peut-être pas incapable d'en opérer partiellement la réforme et de préparer une meilleure organisation à la société de demain.

Belgique.

La Belgique est un pays où la population est très dense. L'activité industrielle n'est nulle part plus développée et elle implique, comme en Angleterre, la présence d'un nombre considérable de travailleurs pour qui les charges de l'existence ont suivi une progression beaucoup plus rapide que celle qui a marqué l'élévation des salaires. Dans ces conditions, il semblerait que l'idée coopérative a trouvé en Belgique un terrain bien préparé à la recevoir et bien propre à lui donner un prompt développement. Cependant, si nous en croyons M. Brelay, elle n'a pénétré qu'avec peine dans les mœurs (1).

1. *Revue des institutions de prévoyance*, 1888, p. 551.

M. Lagasse exprime la même opinion dans son *Étude sur les sociétés belges ;* il constate la lenteur des progrès, jusqu'au jour où les socialistes ont jugé l'association coopérative, capable de hâter l'avènement de l'ordre social auquel ils aspirent. « De tout ce qui précède, il appert « que le mouvement coopératif n'était guère accentué « dans notre pays, quand quelques boulangeries coopéra- « tives se sont fondées sous les plis du drapeau « rouge (1). » L'écrivain fait allusion aux sociétés qui font de la coopération un instrument de propagande socialiste. Avant de parler de ces institutions empreintes d'un caractère tout spécial, il convient de consacrer quelques lignes aux associations qui envisagent la coopération uniquement au point de vue économique et ne voient en elle qu'un but à atteindre : celui d'améliorer la situation matérielle et morale de leurs membres.

Quelques sociétés se sont fondées sous l'impulsion et la tutelle de certains chefs d'industrie et ont donné naissance à des économats. D'autres doivent leur existence, comme cela s'est produit en Italie, aux sociétés de secours mutuels. D'autres, enfin, sont le fruit de la libre initiative et de l'entente des consommateurs. Dans cette énumération, une place peut être réservée aux associations alimentaires, bien qu'elles tirent leur origine plutôt de la philanthropie que de l'application des principes coopératifs : on les rencontre principalement à Liège, à Namur et à Bruxelles.

Ce sont particulièrement les chefs des grands établissements industriels qui ont organisé, au profit de leurs ouvriers, un magasin coopératif où s'acquièrent les den-

---

1. Lagasse. *Les sociétés coopératives,* p. 63.

rées et la plupart des objets usuels. M. Brelay attribue le succès de ces entreprises à la direction formelle ou officieuse des patrons ; à son sens, quand ils laissent les intéressés voler de leurs propres ailes, l'existence de l'association est rarement bien longue. Cette opinion ne saurait être admise sans réserve. L'intervention des patrons rend des services évidents au début, parce qu'elle vient en aide à l'inexpérience des ouvriers ; mais elle doit prendre fin quand les intéressés sont en mesure de gouverner eux-mêmes la société. Agir autrement, c'est méconnaître un des côtés pratiques de la coopération, l'éducation commerciale des ouvriers ; c'est encore entretenir des sources de conflit entre les ouvriers et les patrons dont le désintéressement est parfois mis en doute.

Parmi les institutions qui se sont fondées sous les auspices et avec l'assistance des directeurs de grandes usines, on peut citer les œuvres de Charleroi, de Marcinelle et Couillet, de Bruxelles, du Val St Lambert, d'Herbatte, etc. Elles présentent des types plus ou moins conformes aux données coopératives, depuis les associations alimentaires, les simples économats, jusqu'aux véritables sociétés de consommation.

Les sociétés de secours mutuels ont aussi largement contribué à l'extension du groupement coopératif. Leur initiative ne saurait être trop encouragée. Les associations qu'elles organisent ont les plus grandes chances de succès, puisqu'elles réunissent des éléments habitués à la prévoyance et disposés à accepter un moyen d'épargne presque automatique. Ces deux formes de la mutualité se complètent réciproquement ; il est donc à souhaiter qu'elles travaillent de concert à leur propre expansion.

En dehors des sociétés de consommation proprement dites, l'une des plus curieuses institutions coopératives créées par les sociétés de secours mutuels est sans contredit l'organisation des pharmacies populaires à Bruxelles. Elle date de 1882 et embrasse aujourd'hui 84 associations, représentant ce que les Anglais appelleraient le wholesale des pharmacies associées. Elle possède actuellement six pharmacies, situées dans les différents quartiers de la ville. Chacune d'elles est gérée par des praticiens diplômés.

La coopération s'est également développée sans le secours de l'intervention patronale et sans l'aide d'œuvres antérieures de mutualité. La plus ancienne de ces sociétés, en quelque sorte spontanées, est celle de Grivegnée-les-Liège, datant de 1866 et fonctionnant selon les règles tracées par les équitables pionniers de Rochdale : elle n'accorde au capital qu'une rétribution limitée à 5 0/0, réservant la plus grosse part des profits aux consommateurs qui reçoivent une ristourne moyenne de 8 0/0. Au même groupe appartiennent les sociétés d'Ensival, de Pepinster, Morlanwelz, Carnières, Godarville, Mariemont, Bascoup, etc.

Les sociétés belges exploitent à peu près toutes les branches du commerce intéressant l'économie domestique : boulangerie, boucherie, épicerie, nouveautés, lingerie, etc. Dans beaucoup d'entreprises, aux magasins de vente sont annexés des ateliers ou fabriques qui permettent de mener de front la production et la consommation. Les règles suivies dans la tarification des marchandises, dans le mode de payement et dans la répartition des profits montrent la haute portée morale que les organisateurs ont attribuée à la coopération. Le traitement appliqué aux ouvriers et employés des entreprises atteste de même une conception supérieure de l'idée de **justice distributive.**

La plupart des sociétés ont admis des systèmes de rénumération basés sur la participation aux bénéfices; celles qui n'accordent que des salaires fixes recherchent le moyen d'intéresser leur personnel au développement progressif des opérations.

Malgré la supériorité des principes mis en œuvre, le mouvement coopératif ne parvenait pas à entraîner la masse des travailleurs et à prendre une sérieuse extension. Une force nouvelle est venue en accélérer la marche depuis 1885, époque de la fondation des sociétés nettement acquises aux idées socialistes. C'est là le côté vraiment original de la coopération en Belgique.

L'initiative a été prise par une association désormais célèbre, le Vooruit de Gand, qui emprunta pour s'organiser une somme de 2000 francs au syndicat des ouvriers tisserands. « A tous ceux qui se présentaient pour faire « partie de la nouvelle société, il fut déclaré que le Voo- « ruit était socialiste, qu'il consacrerait toujours une par- « tie de ses bénéfices à la propagande socialiste et que « jamais il ne changerait sa ligne de conduite. » Jusqu'à ce jour le Vooruit est demeuré fidèle à son programme, ce qui n'a pas nui à son remarquable succès.

L'œuvre des socialistes gantois a débuté par l'installation d'une vaste boulangerie pourvue des appareils les plus perfectionnés et capable de produire chaque jour 70,000 kilogrammes de pain. A côté de la boulangerie existent aujourd'hui boucherie, épicerie, magasin d'étoffes et de chaussures avec ateliers de confection, magasins de charbons, salles de réunions, théâtre, café, pharmacie. Pour devenir membre de l'association, il suffit de verser une somme minime d'un franc, représentant la quote-part du nouvel actionnaire dans le capital social; mais les avantages réservés aux sociétaires ne s'acquièrent qu'à la condition d'acheter le pain au Vooruit. Le nombre des associés est de 6000 et s'accroît chaque année de 500 adhésions. Dans tous les magasins le public est admis à s'approvisionner sans participer aux bénéfices de l'entreprise. Le chiffre des ventes atteignait un million en 1891, produisant un bénéfice net de 18000 francs inférieur aux résultats des précédents exercices qui ont donné jusqu'à 40,000 francs. La diminution des excédents provient peut-être des subsides distribués pendant les grèves que la société se croit obligée de soutenir. Les ventes se font rigoureusement au comptant et contre remise de jetons distribués à domicile pour les achats de pain et de charbon.

Si les bénéfices sont, pour partie, employés en dépenses de propagande, ils reçoivent aussi une meilleure destination sous forme de distribution gratuite de jetons aux sociétaires. On a voulu voir dans ce mode de répartition des dividendes le désir de remplacer la monnaie par quelque chose d'analogue aux bons du travail. Il n'est pas certain que cette idée ait inspiré les organisateurs ; on la trouve appliquée par des sociétés n'ayant aucune attache avec le socialisme. Le système est néanmoins très justement critiqué comme peu favorable à l'épargne et à la prévoyance; il n'excite pas à économiser et à garantir l'avenir de la famille. L'assistance n'est pas oubliée dans cette œuvre philanthropique. Les coopérateurs sont affiliés par le Vooruit à une société de secours mutuels, la société Moyson également socialiste : ils ont droit en cas de maladie aux soins médicaux et pharmaceutiques, et reçoivent le pain gratuitement pendant six semaines.

Ajoutons que la coopérative socialiste publie un journal soutenu par les bénéfices des divers magasins et qu'elle a fondé une riche bibliothèque que les sociétaires peuvent fréquenter tous les jours, et dont ils peuvent aussi emporter les ouvrages à domicile.

Le succès du Vooruit devait avoir un grand retentissement dans toute la Belgique : en montrant aux ouvriers ce qu'ils peuvent retirer de la coopération au point de vue de l'amélioration immédiate de leur sort, il a contribué largement au développement des sociétés de consommation, ce qui a fait dire à M. Anseele que le Vooruit a été pour la Belgique ce que la coopérative des Pionniers de Rochdale a été pour l'Angleterre ; il a provoqué des imitateurs dans les deux partis, socialistes et conservateurs ou catholiques, qui se disputent la suprématie sur le terrain politique.

L'exemple donné par les socialistes gantois a été suivi par les ouvriers des autres provinces : Bruxelles, Anvers, Liége, Louvain, Verviers, Jolimont, Seraing, etc. possèdent aujourd'hui des institutions copiées sur le même modèle.

En présence d'une organisation aussi envahissante et qui propage des théories reconnues dangereuses pour l'ordre social, les catholiques belges ne pouvaient rester inactifs. Ils ont donc cherché à détourner les ouvriers des entreprises socialistes en leur offrant des institutions capables de les rallier à la doctrine conservatrice. Au Vooruit de Gand, ils ont opposé le Volksbelang, boulangerie modèle fondée au capital initial de 150,000 francs. L'affluence des membres fut considérable grâce peut-être au système de vente et à la pression exercée par les chefs d'industrie. La société vend au-dessous du prix courant et distribue à tous ses acheteurs les bénéfices en espèces et non en bons de consommation. Ses acheteurs sont plutôt de simples clients que de véritables associés ; car si l'œuvre catholique prend le titre de société coopérative, elle n'est en réalité qu'une entreprise capitaliste, une œuvre de patronage ayant pour but de secourir les ouvriers. Le capital appartient à un petit groupe d'hommes généreux qui se réservent la direction et l'administration. Cette coopération très imparfaite, adoptée par le parti conservateur belge, n'est pas autre chose qu'un économat ; elle réalise la conception de l'école catholique bien différente de celle de l'école anglaise. « La coopération doit fournir, écrit M. Claudio Jannet, « aux classes favorisées sous le rapport de la fortune et « de l'instruction, un des meilleurs moyens d'exercer le « devoir de patronage qui leur incombe (1). » Il recommande donc aux catholiques français d'imiter les conservateurs belges et de s'associer au mouvement coopératif. Dans les sociétés, telles que les catholiques les conçoivent, les patrons restent maîtres et n'accordent aux ouvriers qu'une part insignifiante dans le gouvernement des institutions. C'est bien le tableau que présente l'organisation intérieure du Volkobelang. Tout au contraire, l'école anglaise, acceptée au moins dans cette partie de sa doctrine par les esprits vraiment libéraux, fait de consommateurs groupés des associés véritables, concourant à l'administration et participant au gouvernement de l'entreprise : organisation supérieure qui développe l'esprit d'initiative, le sentiment de la responsabilité et contribue à l'éducation économique des travailleurs.

1. *Socialisme d'État*, p. 422.

Bruxelles possède aussi des institutions destinées à contrebalancer l'influence des socialistes. Le siège central se trouve à la Maison des ouvriers, contre-partie de la Maison du peuple. Leur but est d'établir, par le contact des patrons et des ouvriers, l'entente et la conciliation entre le capital et le travail. L'organisation rappelle les syndicats mixtes créés en France pour permettre aux patrons et aux ouvriers de « s'unir harmonieusement et de se maintenir mutuellement en équilibre ». C'est une belle tentative, mais qui réserve de nombreuses déceptions.

La concurrence des deux partis adverses a donc fait sortir le mouvement coopératif de son état de langueur et a réussi à lui imprimer un vigoureux essor dans deux directions sans doute opposées, quoique convergeant vers un but commun : l'accroissement du bien-être chez les travailleurs. La marche en avant ne pourra que s'accentuer le jour prochain où les sociétés répondront à l'invitation qui leur est faite de se grouper pour accroître leurs forces. Du congrès en préparation les promoteurs espèrent faire sortir l'Union coopérative belge et en obtenir les succès remportés par leurs confrères des autres pays.

Faut-il s'effrayer outre mesure des aspirations qui se manifestent dans une certaine classe de coopérateurs ? Il convient tout d'abord de rendre hommage aux organisateurs qui ont donné aux institutions les bases solides de la vente au comptant, de la participation aux bénéfices, de la bienfaisance envers les malades et les vieillards, qui, en un mot, ont scrupuleusement observé les principes réputés les plus parfaits. Tant que les sociétés de consommation socialistes se borneront au rôle que leur assigne M. Anseele, servant de forteresses « d'où la classe

« ouvrière bombardera la société capitaliste à coups de
« pommes de terre et de pains de quatre livres, leurs
« membres ne mettront pas sérieusement en péril l'or-
« dre social. Il est permis d'espérer que la pratique de la
coopération leur fera comprendre peu à peu tout le vide
des chimères qu'ils poursuivent et qu'elle deviendra la
sauvegarde la plus sûre contre les dangers du socialisme. La machine de guerre est capable de se transformer insensiblement en un instrument de concorde et de
paix. N'est-ce pas l'opinion de l'éminent coopérateur,
M. Ch. Gide ? « Je n'ai pas peur, déclare-t-il, même des
« socialistes les plus révolutionnaires, du jour où ils
« auront passé par l'école de la coopération (1) ». L'avenir se chargera de confirmer ou de démentir cette affirmation rassurante.

Hollande (2).

Le mouvement coopératif en Hollande a son origine dans
une curieuse association formée en 1876. Après avoir
obtenu le concours matériel et l'appui moral d'un petit
groupe de ces hommes que l'on trouve partout prêts à soutenir les œuvres de bienfaisance, un philanthrope entreprit une certaine publicité en vue de faire connaître le
but et les avantages de la coopération. Il proposait en
même temps la création d'une société dont le capital devait servir à l'établissement de magasins coopératifs sur
les divers points du royaume. Onze mille personnes répon-

1. Discours d'ouverture, *Congrès coopératif de* 1889.
2. G. de la Marnière, *Etude sur les associations néerlandaises.*

dirent à l'appel qui leur était adressé et s'obligèrent à verser chacune la valeur d'une action au prix nominal de cinq florins (10 fr.). L'association était fondée avec un capital de 110.000 francs ; elle prit pour titre et pour devise : aide-toi toi-même. Telle est la genèse de l'Eigen hulp.

C'est au fond une œuvre philanthropique, une institution de crédit et un comité de direction pour les sociétés qui lui doivent l'existence et restent sous son patronage. L'Eigen hulp s'est assigné pour but de favoriser la création des œuvres coopératives sous leurs formes variées : avec le capital social, elle procure, à titre de prêt, les fonds de premier établissement nécessaires aux œuvres qui se fondent. Dès que ces dernières ont acquis, avec des ressources suffisantes, une prospérité et un développement convenables, elles se libèrent de leur emprunt. Les fonds redevenus disponibles servent à entreprendre et à féconder de nouvelles institutions au fur et à mesure que l'idée coopérative fait des progrès.

Les œuvres se multiplient ainsi sous la tutelle bienveillante de l'association centrale. Car son action protectrice continue à se faire sentir par des conseils et par des publications qui maintiennent l'unité de vues et recommandent l'application des règles consacrées par la doctrine et par l'expérience. Les rapports entre l'association centrale et ses pupilles sont entretenus par la voie d'un journal hebdomadaire servi gratuitement aux coopérateurs. Pour couvrir les frais généraux de cet organe de propagande, les promoteurs du mouvement se sont engagés à verser une cotisation annuelle d'un florin. Malgré la modicité de la somme, il y a eu de nombreuses abstentions et bientôt l'Eigen hulp ne compte plus que 5.000 membres. Ce chiffre tend à s'accroître depuis quelques années.

Les institutions fondées avec le concours moral et matériel de l'Eigen Hulp forment trois divisions principales, correspondant aux sociétés de crédit mutuel et d'épargne, aux sociétés d'assurance sur la vie, aux sociétés coopératives de consommation. Ces dernières sont réparties entre un certain nombre de districts provinciaux plus ou moins étendus, ayant chacun un administrateur en relations suivies avec le district ou conseil central dont le siège est à la Haye. Les magasins de distribution sont établis sur divers points qui forment des subdivisions de district. Ils fournissent à leurs sociétaires tous les objets de consommation courante, y compris les vêtements. Une combinaison ingénieuse en assure l'approvisionnement aux conditions favorables qu'offrent d'ordinaire les magasins de gros. Voici en quoi elle consiste :

Dans chaque subdivision de district, la commission chargée de la gestion du magasin établit les commandes de denrées et les adresse au conseil central à la Haye. Celui-ci les réunit et les transmet à son représentant de Rotterdam, centre des opérations commerciales en Hollande. Par son intermédiaire, les ordres d'achat sont exécutés dans les conditions les plus avantageuses. De la sorte on évite les frais qu'entraîne la gestion d'un magasin central.

Le système adopté pour les ventes est celui que recommandent les vrais coopérateurs, c'est-à-dire la cession au prix du détail et au comptant. La proportion pour cent des bénéfices est fort élevée ; elle explique la vive hostilité des détaillants contre une institution qui a éclairé le public sur le prix exorbitant de leurs services : elle atteint 14 pour 100 sur les articles d'épicerie. La répartition des profits entre tous les acheteurs met en relief

les sentiments de justice éclairée qui ont inspiré la rédaction de cette règle statutaire.

Avec une organisation un peu originale, les sociétés
néerlandaises appliquent le système de Rochdale dont la
valeur est maintenant incontestée. Elles possèdent les
divers organes qui, dans tous les pays, sont regardés
comme des facteurs indispensables au développement et
à la prospérité des institutions : conseil central, organe
de propagande, comité d'achats en gros, etc. L'Eigen hulp
ne se borne pas à procurer les facilités de l'existence ; elle
encourage aussi l'épargne et recommande de garantir
l'avenir de la famille par l'assurance. En l'organisant
sur ces bases solides, les fondateurs ont montré à leurs
concitoyens la puissance de l'initiative privée mise en jeu
par un dévouement aussi ardent que désintéressé.

Espagne et Portugal.

Avant la révolution de 1868, le développement coopératif a été entravé par la législation : les sociétés ouvrières
n'étaient pas reconnues et le gouvernement leur montrait
plus d'hostilité que de bienveillante neutralité. Lorsque
la liberté d'association fut proclamée, les efforts des propagateurs ne rencontrèrent pas dans la loi l'appui qui
leur était nécessaire. L'Espagne manque, en effet,
d'une législation propre aux sociétés coopératives. Soumises au droit commun, celles-ci ont à remplir des formalités gênantes et coûteuses et doivent supporter toutes

1. *Revue d'économie politique*, nov. 1892. Journal *L'Emancipation*, 1891, p. 13.

les charges fiscales qui atteignent les grandes compagnies. L'impôt industriel notamment est fort lourd : les sociétés, même les plus modestes, subissent un prélèvement de 10 0/0 sur les bénéfices (1). Ces circonstances défavorables expliquent la faiblesse des résultats acquis. Une ère nouvelle, plus féconde, s'ouvrira le jour où la *Commission des réformes sociales*, chargée de veiller aux intérêts des sociétés qui nous occupent, écartera les obstacles qui gênent leur développement et les affranchira des taxes exagérées dont le poids les écrase. Une législation plus bienveillante et plus équitable donnerait de la force aux institutions déjà nées et favoriserait la création de nouvelles sociétés.

L'Espagne, écrit M. Ch. Gide, a été longtemps pour le monde coopératif une *terra incognita :* elle figurait en blanc sur les cartes de la statistique (2). Cependant la coopération y a poussé des racines assez profondes pour se développer, s'étendre et se ramifier sur la péninsule. Les statistiques officielles, il est vrai, ne relèvent que 22 institutions, partagées entre 12 provinces : elles sont manifestement incomplètes, car certaines provinces passées sous silence en possèdent plusieurs. L'initiative privée a été plus heureuse dans sa recherche ; elle a découvert 71 sociétés de consommation. Ce chiffre est au-dessous de la réalité ; on peut, sans crainte d'erreur, le porter à 200 (3). Ce sont les régions les plus industrielles de l'Espagne, les Asturies, Valence, et surtout la Catalogne qui fournissent le plus fort contingent. Parmi ces sociétés, il en est qui ont atteint un assez haut degré de prospérité

1. *Op. cit.* p. 11.
2. Journal l'*Emancipation*, 1891. p. 11.
3. *Revue d'économie politique*, nov. 1892.

et qui font un chiffre important d'affaires, compris entre 400 mille et 1.700.000 fr. La moyenne des membres est de 280, celle du capital social de 29.000 fr.

Si l'on se préoccupe du groupe social auquel appartiennent les associés, on constate que le mouvement coopératif embrasse toutes les classes de la société, fonctionnaires, bourgeoisie, ouvriers de l'industrie, agriculteurs. Ces derniers ont fondé, en 1878, à Tavernes de Valdigna, dans la province de Valence, une coopérative de consommation, la Protectrice, qui présente plus d'un côté original. Malgré sa situation très prospère, la société fut liquidée en 1883, parce qu'elle n'avait été fondée que pour une période de 7 ans. Mais elle fut l'objet d'une réorganisation immédiate et la nouvelle entreprise est aussi brillante que l'ancienne. Elle distribue annuellement des marchandises d'une valeur de 125,000 fr., et réalise un bénéfice net de 15 à 20 pour 100 affecté pendant 5 ans à l'accroissement du capital social. Cette période une fois écoulée, les profits ont pu être distribués à titre de dividende. Il faut croire que cette pratique n'est pas spéciale à l'Espagne, car nous trouvons dans la loi allemande du 1er mai 1889 (art. 20) une disposition qui n'aurait qu'un intérêt théorique si elle n'avait pour but de consacrer la légitimité d'une clause plus ou moins fréquente dans les statuts des sociétés coopératives. « Il « peut être stipulé, dit la loi, que les bénéfices, au lieu « d'être distribués, constitueront un fonds de réserve, « pendant une période maxima et renouvelable de dix « ans. » Il y a là une mesure de prudence en même temps qu'un moyen très simple de favoriser le développement des institutions par une plus grande abondance de capitaux. Que ces sentiments aient ou non inspiré les fondateurs de la Protectrice de Valdigna, il n'en faut pas moins admirer le magnifique résultat obtenu par un groupe de modestes agriculteurs (ils étaient 383 en 1889) parce qu'il met en évidence les avantages que les classes agricoles peuvent retirer de la coopération.

Sous le rapport de l'organisation générale, certaines sociétés se rapprochent du type de Rochdale ; d'autres sont de véritables économats, créés et administrés par les compagnies industrielles : elles présentent par suite tous les inconvénients d'un tel régime tenant les ouvriers en dehors de la pratique des affaires commerciales ; d'autres encore se bornent au système d'entente avec les fournisseurs qui, assurés d'une clientèle plus ou moins nombreuse, consentent sur les articles vendus une réduction de 6 à 20 0/0. La Mutualidad de Madrid met ce système en pratique et procure à ses associés d'importants bénéfices. Les sociétés pour l'achat de matières premières, très répandues en Allemagne, ne sont point inconnues, et parmi les plus prospères on peut citer celle des maîtres cordonniers de Barcelone.

La coopération revêt donc des formes variées, plutôt imparfaites que respectueuses des vrais principes. Cela tient beaucoup à la législation, mal appropriée aux besoins des sociétés, et aussi au manque de relations entre les sociétés existantes, à l'insuffisance du service de propagande.

Les publications fortifient le sentiment coopératif, le font pénétrer dans tous les milieux et tracent la meilleure voie à suivre. L'Espagne ne méconnaît pas l'efficacité de ce moyen de propagande et de progrès ; mais ses essais sont encore bien timides : ils se bornent à la publication d'une revue des coopérateurs espagnols, à Barcelone, et d'un bulletin économique, organe d'une société établie à Tolède. Ces deux périodiques sont dirigés par deux apôtres déterminés de l'idée coopérative. Leur tâche est ardue ; car il faut lutter contre le caractère apathique et indolent de la population « qui ne se passionne « que pour les choses de sentiment, qui place au-dessus « de tout le culte de l'indépendance personnelle et engen- « dre par là un individualisme peu propre à la vie d'as- « sociation (1). »

La fédération des sociétés et l'organisation des congrès ont également préoccupé les esprits en Espagne. Des démarches actives ont été faites en ce sens, mais sans aboutir d'une manière satisfaisante. Seules les sociétés de la Catalogne ont adhéré à l'idée d'un congrès qui s'est tenu le 16 novembre 1884. Des questions d'une grande importance ont été agitées ; les plus intéressantes ins- crites à l'ordre du jour visaient la nécessité de réclamer une vie légale pour les sociétés coopératives, le meilleur mode de constitution et d'administration, l'opportunité de créer des caisses d'épargne, d'organiser des assurances sur la vie, d'ouvrir les magasins au public. En un mot, il s'agissait d'élaborer un programme appelé à servir de guide aux anciennes comme aux nouvelles institutions. Le congrès adopta le principe de la vente au public et fit reconnaître l'utilité d'une commission permanente, char- gée de représenter les sociétés fédérées et de poursuivre la réalisation des reformes attendues. Cette nouvelle orga- nisation ne portera ses fruits qu'après avoir été consa- crée dans un congrès non plus provincial, mais vérita- blement national.

1. *Emancipation*, 1891, p. 12, passage emprunté à M. Piernas y Hurtardo.

Néanmoins, ces tentatives jointes aux résultats indiqués précédemment, méritent que l'on attribue à l'Espagne une place parmi les nations qui s'intéressent à l'idée coopérative et la pratiquent avec succès. Il est même assez remarquable de constater l'existence de 200 sociétés qui n'ont trouvé dans la loi que de sérieux obstacles à leur extension ; il n'est pas moins curieux de voir un congrès de coopérateurs demander aux pouvoirs publics, « de donner la vie légale à des institutions coopératives « qui, depuis de longues années, se développent d'elles- « mêmes par la seule vertu de leurs principes, et qui ont « bien mérité de la part de l'Etat la concession des con- « ditions juridiques qu'il était obligé d'avance à leur « fournir (1). »

Avant de quitter la péninsule, quelques mots sur les institutions du Portugal.

Les sociétés de consommation sont au nombre de 32 ; la création en a été facilitée par les dispositions de la loi. Des faveurs spéciales, exemption de l'impôt du timbre et de l'impôt sur les bénéfices en ont hâté les progrès.

La plus importante coopérative s'est établie à Porto depuis 1875, et a pris le titre de *Société coopérative d'économie domestique*. En 1888, elle possédait un capital de 200.000 francs, et réalisait 20.000 francs de bénéfices sur les ventes. La plus intéressante est sans contredit la *caisa economica operaria* due à l'initiative de quelques ouvriers. Le capital initial n'était en 1876, que de 45 francs, en 1888, il atteignait 47.000 francs. Le magasin distribue à une clientèle de 810 membres 66.000 de marchandises.

1. *Revue d'économie politique*, 1892, p. 1181.

L'Espagne pourrait puiser dans l'organisation de ces sociétés d'utiles renseignements.

Etats-Unis.

L'utilité d'une organisation basée sur les principes de la coopération n'a été appréciée que tardivement aux États-Unis, bien que l'on puisse constater l'existence de magasins coopératifs vers la fin de l'année 1831, c'est-à-dire à une époque où le système était à peine connu en Europe. Depuis cette date ancienne, les institutions auraient dû grandir et rayonner sur le vaste territoire de l'Union (1). Cependant les sociétés de consommation ont eu beaucoup de peine à s'y établir. La raison paraît en être dans un ensemble de circonstances qui ont tenu la population américaine en dehors du mouvement coopératif dont elle ne sentait ou ne comprenait pas les avantages. L'élévation des salaires et le développement considérable donné à l'échange des objets de consommation, l'abaissement des prix dû à une grande concurrence et à l'importance des affaires, tout cela était de nature à donner satisfaction aux consommateurs. Il faut ajouter que le peuple américain vise surtout les gros bénéfices et leur prompte réalisation ; il a témoigné un peu de dédain et beaucoup d'indifférence aux petites épargnes que peuvent fournir les sociétés de consommation. Celles-ci n'ont été appréciées que pendant les périodes de crise et comme des expédients temporaires. Les conditions économiques tendant à se modifier, le besoin d'économie a été plus

1. *Revue d'économie politique*, 1887, p. 610 et s.

vivement ressenti : depuis l'année 1870, la coopération a fixé sur elle l'attention publique.

A partir de cette époque, les sociétés de consommation ont pris un certain développement sous l'influence de deux grandes organisations, l'une agricole, et l'autre industrielle, les *Patrons of Husbandry* et les *sovereings of industry.*

L'association des agriculteurs (*patrons of husbandry*) présente une grande ressemblance avec les syndicats agricoles en France et les sociétés pour l'achat de matières premières en Allemagne. Elle a pour but l'acquisition directe des matières et instruments utilisés dans les exploitations rurales. L'union est divisée en un certain nombre de sections ou grange-councils (groupe de fermes). Celles d'un même État s'entendent pour entretenir, à frais communs, un agent général, chargé des achats. Les demandes de chaque associé sont adressées à la section dont il est membre et transmises par elle à l'agent général. Ce dernier groupe les commandes et acquiert les articles demandés en obtenant tous les avantages de l'achat en gros et du paiement immédiat. Il est à peine besoin de faire remarquer combien ce système est voisin de celui que pratiquent les sociétés de consommation les mieux organisées, et combien il pourrait rendre de services en l'étendant à la vente des produits agricoles. Sans cette amélioration désirable, l'institution s'est développée dans la plupart des États : certaines agences sont arrivées à un chiffre d'affaires de plus d'un million.

Le succès engagea les agriculteurs à créer, dans chaque « grange » ou section un véritable magasin coopératif, en s'inspirant de la méthode suivie à Rochdale où les intérêts matériels et moraux sont l'objet d'une égale sollicitude. On vit donc se fonder des bibliothèques, des écoles d'agriculture pour assurer l'instruction et l'éducation des membres, le tout complété par des assemblées où se discutaient des questions économiques et agraires. En 1874, la coopération avait à son actif 24,290 granges réunissant 763,000 adhérents, tous agriculteurs.

Il convenait d'étendre cette organisation en dehors de la classe agricole et de faire participer aux bienfaits de l'union coopérative les consommateurs appartenant aux autres classes de la société. Dans ce but fut créée l'association des *sovereings of industry*, ouverte à tout le monde. Elle avait pour objectif « d'organiser la résistance contre « le monopole et les autres fléaux du système industriel « et commercial ; d'établir un meilleur système d'échange « et de constituer sur les bases de la justice et de la liberté « la fraternité mutuelle et l'action coopérative des pro- « ducteurs et des consommateurs. » La population des Etats-Unis souffrait des mêmes maux et employait le même remède que la population européenne.

Les deux genres d'institutions coopératives furent peu à peu délaissés. Le retour de la prospérité en amena la décadence jusqu'au jour où les difficultés de la vie matérielle en ont fait de nouveau ressortir les avantages.

Pendant la période de décadence, les *patrons of husbandry* n'ont pas vu sombrer toutes leurs sections ; ils s'efforcent aujourd'hui de les réorganiser et de leur rendre leur ancienne vitalité. Déjà l'on constate au Texas, l'existence d'une sorte de magasin de gros, comparable au wholesale de Manchester, qui a pour clients, non pas des individus, mais des granges disséminées sur tous les points de l'Etat : il a son siège central à Galveston. Le principe suivi dans la répartition des bénéfices est assez peu satisfaisant : la plus grosse part est attribuée au capital qui reçoit un dividende de 13 à 35 0/0, tandis que la participation des consommateurs ne dépasse guère 2 1/2 à 5 0/0. Le mouvement d'affaires des granges associées témoigne d'une assez grande activité.

Des associations également prospères existent dans le Michigan, l'Ohio, l'Indiana et dans plusieurs autres Etats.

La société des *sovereings of industry* a disparu au cours des années qui ont été si funestes à l'association des patrons. Mais le rôle qu'elle avait à remplir a été repris par une puissante institution, celle des *Chevaliers du Travail*. Mieux inspirés que les Trade-Unionistes, les chevaliers du travail se sont ralliés à la coopération et travaillent avec ardeur à la répandre ; ils ont réussi à créer un grand nombre de sociétés de consommation et de production.

En dehors des influences que nous venons d'indiquer, les sociétés de consommation se sont fondées un peu partout, grâce à la libre initiative des intéressés, rencontrant sur beaucoup de points les conditions les plus favorables pour en démontrer la valeur. Tel a été le cas dans un grand nombre de villes et de villages où les magasins coopératifs ont fait disparaître la funeste habitude du crédit et mis fin à l'adultération des produits alimentaires. Ces associations sont répandues principalement dans le Massachussets, l'Ohio et le Maine. Baltimore et Philadelphie en possèdent de très florissantes. Observant la vraie doctrine, elles refusent la vente à crédit, distribuent les marchandises aux prix du détail et répartissent les profits entre tous les acheteurs. Quelques-unes vendent au prix coûtant ou à bas prix, sans doute pour avoir

plus facilement raison de la résistance que leur opposent
les commerçants.

De ce rapide exposé du mouvement coopératif aux
Etats-Unis se dégage l'impression d'une marche lente,
pénible, marquée par des alternatives de succès et de
revers. On aurait pu s'arrêter à cette constatation, il y a
seulement quelques années, et en conclure que la coopération n'a pas un grand avenir sur le territoire américain. Aujourd'hui une telle opinion serait inexacte, car
elle ne tiendrait pas compte des tendances nouvelles qui
se manifestent dans toutes les classes de la société.

« Le fait le plus considérable que l'observation nous
« révèle, écrit M. Ugo Rabbeno, c'est la popularité que
« l'idée de la coopération acquiert chaque jour davantage
« aux Etats-Unis, l'intérêt que l'on porte à tout ce qui la
« concerne, l'influence qu'elle commence à exercer par
« ses principes et son idéal sur la conscience publique.
« Dans les masses ouvrières, et même dans les autres
« classes de la société, on s'habitue peu à peu à l'idée
« que la coopération représente une forme nouvelle de
« l'organisation industrielle qui doit se substituer à l'or-
« dre social actuel. Les chevaliers du travail n'ont pas
« peu contribué à propager cette manière de voir, en
« proposant comme but à leur noble et saint ordre, dans
« leur déclaration de principes, de constituer des institu-
« tions coopératives qui permettent de remplacer un
« jour le système du salariat par un système coopéra-
« tif (1). »

La revue des institutions coopératives à laquelle nous
nous sommes livré nous a fourni l'occasion de relever

____

1. *Revue d'économie politique*, 1887, p. 619.

partout les mêmes aspirations vers un meilleur régime économique et la même croyance dans les hautes destinées de la coopération. Chez les divers peuples qui espèrent arriver par elle à une transformation de l'ordre de choses actuel, on remarque l'importance accordé aux sociétés de consommation. Quand elles reposent sur de sages principes, les bénéfices sont certains ; ils assurent la formation des capitaux nécessaires aux entreprises de production. Mais la possession du capital ne suffit pas aux travailleurs ; ils ont encore besoin d'acquérir l'aptitude à la direction des entreprises et aux opérations commerciales ; ils la puisent dans la participation au gouvernement des sociétés distributives ; ils la complètent avec les moyens d'instruction que ces mêmes sociétés leur offrent. Telles sont, sans aucun doute, les considérations qui ont fait entrer les chevaliers du travail dans la lice coopérative. C'est un contingent de plus de 500.000 recrues impatientes d'illustrer le drapeau qui porte cette devise humanitaire : *tous pour chacun, chacun pour tous!*

France.

L'étude du mouvement coopératif, en France, conduit à cette double remarque : l'idée coopérative provoque, à diverses reprises, un vif enthousiasme qui fait bientôt place à l'indifférence et au découragement ; aux époques où elle semble prendre racine et pénétrer dans les mœurs, elle se manifeste surtout par l'association en vue de la production, forme idéale pour les ouvriers, mais aussi dangereuse que séduisante. L'organisation repose d'ordinaire sur des bases si fragiles que la mort des sociétés suit de près la naissance. Aussi, après un demi-siècle de travaux et de peines, la France enregistre des résultats moindres que ceux obtenus en Angleterre, en Allemagne, en Belgique, en Italie (1).

L'insuccès des premiers essais, en 1848, est trop connu pour qu'il y ait de l'intérêt à en refaire ici l'histoire tant de fois écrite. L'échec si complet à cette époque aurait dû révéler aux coopérateurs l'erreur profonde qu'ils venaient de commettre en voulant arriver trop vite au but, en commençant par où l'on aurait dû finir. Bien à tort on s'est imaginé qu'une seule chose était nécessaire aux associations ouvrières : le capital. Cette croyance erronée fit voter une subvention de 3 millions en leur faveur avec l'admission privilégiée dans les entreprises de travaux publics. Ces secours ne les empêchèrent pas de succomber, parce qu'elles n'étaient pas nées viables. Tout leur faisait défaut : le capital, les débouchés, mais par dessus tout, un personnel animé de l'esprit de discipline, possédant l'aptitude voulue à la direction des entreprises.

L'échec n'avait cependant pas paru décisif : on l'attribua volontiers au retour de l'empire. Cette imputation tombe d'elle-même, quand on examine tous les points faibles que présentait l'organisation des sociétés. Quoi qu'il en soit, beaucoup d'ouvriers restèrent fidèles à l'idée d'association qui continua d'agiter les ateliers, se répandit dans le peuple et gagna les classes aisées. Le problème de l'association dite coopérative se posa de nouveau quand les délégués ouvriers, envoyés à l'expo-

---

1. *Revue d'Economie politique*, 1893, p. 1.

sition universelle de Londres, en 1862, revinrent profondément impressionnés des résultats obtenus par leurs collègues anglais. Pour trouver un appui sérieux dans les classes ouvrières, l'empire avait un intérêt évident à seconder leurs aspirations ; de son côté, le parti de l'opposition se montra jaloux de l'influence que le gouvernement allait obtenir et il entreprit une campagne parallèle au profit des travailleurs. L'engouement pour les sociétés coopératives devint général. Le progrès des associations anglaises, le succès des banques populaires organisées en Allemagne par Schulze-Delitzsch, attiraient l'attention de tous ceux qui, en France, s'occupaient de la question du travail.

La concurrence établie entre le gouvernement et les partis d'opposition, aurait pu être précieuse si, profitant des enseignements du passé, les sociétés s'étaient mises en garde contre les principaux écueils susceptibles d'entraver leur développement et si leurs membres avaient compris que la réforme poursuivie serait nécessairement lente et graduelle. Mais, comme en 1848, on crut donner des armes suffisantes, en fournissant des capitaux, en facilitant le crédit. On créa donc des banques pour commanditer les associations et pour escompter leur papier. L'une d'elles s'était instituée sous le patronage direct de l'empereur ; elle ne se soutint que par les subsides qui lui venaient de la liste civile. « C'était, dit M. Ch. Lavol« lée, une course ayant la popularité pour but, une « course au clocher, menée ardemment sous l'éperon de « la politique, sans souci des obstacles : on donnait des « capitaux et du crédit : on ne demandait que des « votes. »

A quoi ont abouti tous ces efforts et ces nouveaux

sacrifices ? A un résultat presque aussi négatif que celui enregistré en 1848.

Cependant la coopération n'était pas restée cantonnée dans la production : elle s'était heureusement étendue à la consommation, et sur ce terrain encore inexploité, elle avait jeté la semence féconde des sociétés de consommation. Beaucoup de jeunes plantes n'ont eu qu'une vie languissante : elles se sont promptement étiolées ; d'autres ont poussé des rameaux vigoureux, et sont devenues aujourd'hui des arbres puissants qui se nomment la Société du XVIIIe arrondissement, la Revendication de Puteaux, la Boulangerie de la Flotte, la Société coopérative d'Anzin. Toutes ces sociétés sont florissantes et produisent d'excellents fruits : l'économie, la prévoyance, l'épargne, et par surcroît, le bien-être.

L'insuccès des deux tentatives qui viennent d'être résumées, pouvait compromettre l'avenir de l'association de production ; il ne faisait pas complètement échec aux projets formés par les consommateurs de se soustraire aux exigences des détaillants. Le progrès continu de la grande industrie faisait affluer la population dans les centres de l'activité industrielle et commerciale. L'agglomération amenait, comme suite naturelle, le renchérissement du coût de la vie auquel ne remédiait pas toujours une augmentation correspondante des salaires. L'union formée entre les consommateurs, en vue de s'approvisionner dans des conditions plus économiques que par l'entremise des détaillants, devait nécessairement se produire, parce qu'elle est la réalisation d'une idée simple, d'une idée de bon sens qui se fait jour à un moment donné dans les esprits. Elle inspire ces combinaisons variées qui toutes, par des voies différentes, tendent au même but : l'amélioration matérielle et morale de l'existence.

Jusqu'en 1885 nos institutions coopératives ont vécu
sans lien commun, laissées à leur propre initiative, inconnues même en dehors du rayon où s'exerçait leur
activité bienfaisante. Sans relation entre elles, les sociétés ne peuvent échanger leurs vues, se prêter une aide
mutuelle, se réunir pour la défense de leurs intérêts. Le
développement se fait avec lenteur et l'influence se trouve
diminuée par l'ignorance des résultats acquis. Voyons
cependant sous quels traits originaux s'est développée la
coopération pendant la période qui précède l'organisation
fédérative de 1885.

Très inégalement réparties sur le territoire, comme il
est facile de s'en rendre compte au moyen de la statistique dressée, en 1876, par M. Antony Roulliet (1), les
sociétés doivent leur existence tantôt à l'initiative spontanée des consommateurs, tantôt à l'influence patronale,
tantôt à l'appui des œuvres diverses de mutualité. Les
unes offrent les caractères d'une véritable société d'approvisionnement direct embrassant toutes les fournitures
nécessaires à l'entretien de la vie ; les autres, en grand
nombre, limitent leurs opérations à la boulangerie ;
d'autres, trop peu répandues, ont créé des boucheries et
des minoteries. Il en est qui se bornent à obtenir des
fournisseurs un tant pour cent sur les ventes faites directement aux associés. Un dernier type paraît si peu rentrer dans le domaine de la coopération que nous éprouvons quelque scrupule à lui donner une place dans cette

---

1. Antony Roulliet, *Des associations coopératives de consommation.*

étude. Il s'agit des associations alimentaires, classées d'ordinaire parmi les œuvres de bienfaisance. Si cependant on réfléchit aux avantages qu'elles présentent pour leur clientèle, on est bien prêt de leur reconnaître un certain degré de parenté avec les sociétés de consommation. Celles-ci ont pour objectif d'assurer à leurs membres, avec de sérieuses garanties de qualité et de prix, tout ce qui est d'usage courant, alimentation, vêtement, etc. Elles s'appliquent avant toute chose à rechercher les denrées les plus pures et à les prendre à la source même. Les sociétés alimentaires procèdent de même et produisent hygiène, santé, bien-être (1).

La plus remarquable institution de ce genre a été fondée, en 1851, par M. Frédéric Taulier, maire de Grenoble et doyen de la Faculté de droit. Son but est de préparer des aliments que les sociétaires emportent à domicile ou consomment dans les réfectoires de l'établissement. Le titre de sociétaire s'obtient moyennant une cotisation qui, selon l'une ou l'autre hypothèse indiquée, s'élève à 0 fr. 25 ou 1 franc par an. Munis de leurs cartes les sociétaires achètent des jetons en échange desquels leur sont délivrés les aliments. Toutes les denrées, de qualité irréprochable, sont préparées et servies avec un soin et une propreté extrêmes. L'économie réalisée par cette institution est presque invraisemblable : avec la faible somme d'un franc par jour, tout sociétaire pourvoit à son alimentation sans rien sacrifier à l'abondance ni à la qualité. Voilà pour le côté matériel.

Au point de vue moral, l'œuvre n'est pas moins bienfaisante. « L'association alimentaire, écrit M. Antony

1. *Economiste français*, 1892, I, p. 581.

« Roulliet, est une école de décence, de discipline, de res-
« pect pour tous, de chacun pour soi-même. Combien
« l'homme est relevé à ses propres yeux par cet échange
« de convenances qu'il pratique et dont il est l'objet !
« Quel profit pour la dignité humaine !

« L'association alimentaire est une institution de pré-
« voyance par la facilité donnée au consommateur de
« faire d'avance une provision de jetons. On voit des
« ouvriers qui autrefois dépensaient au cabaret leur
« salaire de la semaine, acheter pour 25 francs de jetons
« à la fois ; on voit des femmes mariées venir faire elles-
« mêmes ce salutaire approvisionnement. Comme leur
« visage exprime l'air de conquête ! Elles sont tranquil-
« les désormais ; que de bonheur dans la sécurité (1) !

En allant au fond des choses, on doit voir dans cette
organisation un magasin d'approvisionnement vendant
presque au prix coûtant et recouvrant par la cotisation
annuelle une partie de ses frais généraux.

L'idée généreuse de M. Taulier a inspiré d'autres hommes de dévouement qui ont suivi son exemple. Parmi
les œuvres qui se sont modelées sur l'institution greno-
bloise, la plus récente est sans doute l'association alimentaire du VIe arrondissement, fondée à Lyon le 10 janvier 1892 et déjà en pleine voie de prospérité (2). Comme
à Grenoble, les sociétaires consommateurs doivent verser une cotisation annuelle de 0,50 centimes ; ils acquièrent ainsi le droit de s'approvisionner à l'établissement,
et, prérogative assez remarquable, ils ont voix délibéra-
tive à l'assemblée générale d'une société dont ils sont

1. Antony Roulliet, *op. cit.*, p. 56.
2. *Economiste français*, 1892, I. p. 585.

plutôt clients que membres. Le système des jetons a été également adopté ; les denrées sont ou emportées à domicile ou consommées dans les divers réfectoires de l'association. Un repas substantiel et bien préparé n'entraîne qu'une dépense de 0 fr. 65.

Les compagnies de chemins de fer ont établi, au profit de leur personnel, sur plusieurs points de leurs réseaux, des institutions assez analogues à celles dont nous venons de résumer le fonctionnement.

La seconde forme d'association éloignée du « type de Rochdale » mais « constituant en quelque sorte un che- « min vicinal direct pour y conduire les « coopéra- « teurs (1) » se rencontre dans la société d'épargne et de prévoyance de Saint-Remy, à Bordeaux. C'est encore une œuvre d'initiative toute française, d'un caractère bien spécial, et qui n'a eu pour modèle et pour guide que le dévouement de son fondateur. On sera peut-être tenté d'y voir un fait exceptionnel et sans grande signification, l'influence des efforts, de la bonne volonté, du courage d'un homme de cœur. Qu'importe ? De tels hommes ne sont pas rares en France et ils ont un noble exemple à imiter.

La société dont il s'agit remonte à l'année 1872 ; elle s'est formée grâce aux efforts persévérants de M. Lescarret, professeur d'économie politique à Bordeaux. Ce savant, cet homme de bien a voulu montrer aux ouvriers les plus pauvres, aux tonneliers, hommes de peine, charretiers de Bacalan, qu'il ne leur était pas impossible de briser les liens du crédit, de pratiquer l'épargne et d'arriver à la constitution d'un petit capital. Pour obtenir ce

_____

1. *Revue des institutions de prévoyance*, 1887, p. 157.

résultat qui devait sembler bien chimérique à des travailleurs ne recevant que de maigres salaires, on eut
simplement recours à l'achat au comptant dans des conditions particulières.

Le promoteur de l'œuvre parvint à réunir 700 francs,
crédita chacun des déposants, et vint en aide à ceux qui
n'avaient aucune ressource au moyen du prêt mutuel basé
sur la solidarité des associés. Puis il s'entendit avec les
fournisseurs habituels de ces ouvriers, recrutés dans le
milieu le plus pauvre de la ville. Il fut convenu que tout
achat réalisé avec des jetons de la société d'épargne et
de prévoyance bénéficierait d'une remise de tant pour
cent versée à la société même qui garantissait le payement immédiat en espèces. Les boulangers, bouchers,
épiciers, marchands de vin, souscrivirent volontiers à ces
conditions qui leur assuraient une assez nombreuse clientèle sans les exposer aux risques antérieurs. A la fin de
l'année, les remises furent distribuées entre les associés
au prorata de leurs consommations. Ainsi se forma le
capital promis aux membres de la société. Il importait
d'en prévenir la dissipation en favorisant l'épargne. Les
bonis purent être déposés dans la caisse sociale, jouant
le rôle de caisse d'épargne et de prêt mutuel. L'institution s'est développée sur ces bases et son fonctionnement
n'a pas varié depuis l'origine ; elle disposait, à une certaine époque, de 37,000 francs, provenant d'épargnes
toutes spontanées. Ce chiffre témoigne des résultats
acquis au point de vue matériel et moral par une population, presque indigente, tenue en une sorte de servage
par ses fournisseurs. Aujourd'hui ces mêmes commerçants sont jaloux de conserver une clientèle dont la solvabilité est pleinement garantie ; ils ont tout intérêt à

vivre en bons termes avec elle, car rien n'empêcherait de créer, avec les capitaux disponibles, une société classique de consommation. Le succès n'en est pas douteux maintenant que les habitudes d'ordre et d'économie sont profondément enracinées chez les modestes travailleurs de Bacalan.

De ce précédent n'est-il pas permis de conclure que les bienfaits de la coopération sont accessibles aux humbles, à tous les déshérités, pourvu qu'une âme généreuse leur montre la voie à suivre et seconde leurs premiers efforts? Nous ne voulons pas croire, comme on l'a enseigné au Congrès de Paris, en 1891, que la coopération soit obligée de laisser en dehors de son action les « demi pauvres », ceux dont la vie est une suite ininterrompue de privations, ceux qui ne peuvent ni payer comptant les dépenses de chaque jour, ni économiser cinquante francs pour acquérir une part de sociétaire. A l'appui de cette affirmation un peu surprenante dans la bouche d'un coopérateur convaincu, l'orateur a dépeint dans un sombre tableau la vie misérable que mènent les bûcherons dans les forêts du Morvan. Ils ne reçoivent, dit-il, qu'un salaire dérisoire et inhumain de 1 fr. 50; « ils ne mangent que du pain, trois livres par jour, et ne boivent que de l'eau pure ». Dans un tel dénûment, ils ne sont accessibles ni à l'idée ni à la pratique de la coopération. Aussi, conclut-on, il est à craindre que le mouvement coopératif favorise l'émancipation de ceux-là seulement qui sont déjà partiellement émancipés et qu'il soit incapable d'apporter un peu de soulagement aux classes pauvres (1). La misère était profonde aussi parmi les manœuvres et

1. *Congrès coopératif de Paris*, 1891, p. 20.

les tonneliers de Bacalan. Ces malheureux devaient prendre pour une amère ironie la promesse de les rendre
capitalistes, eux que la peste du crédit retenait débiles
et démoralisés dans les liens de leurs fournisseurs (1).
Certes le problème de leur affranchissement était ardu ;
il n'était pourtant pas insoluble et le succès en fut la
démonstration éclatante. Qu'un philanthrope ardent et
passionné se mette à l'œuvre et enseigne aux bûcherons
du Morvan les ressources merveilleuses de l'association ;
son énergique persévérance triomphera de l'incrédulité
et de l'apathie de ces malheureux. La satisfaction de leur
avoir procuré un peu de bien-être et d'avoir préparé
leur relèvement moral et social sera sa meilleure récom-
pense.

Les *Economats* ont plus de ressemblance avec les
sociétés de consommation que les deux types précédents.
Ce sont le plus souvent des magasins d'approvisionnement créés par des chefs d'industrie au profit de leur
personnel. Comme les sociétés distributives, les économats procurent à leurs membres les divers articles de
consommation usuelle. Mais le capital utile au fonctionnement de l'entreprise appartient à la compagnie industrielle ou commerciale qui emploie les ouvriers consommateurs ; en raison des risques qu'elle court, celle-ci conserve la direction du magasin, tantôt d'une manière
exclusive, tantôt en y associant quelques délégués des
ouvriers. C'est là une forme imparfaite de l'intervention
patronale ; les amis de la coopération lui reprochent de
négliger l'instruction économique en n'offrant parfois que
la vie à bon marché. « L'idée de ces magasins est une

1. *Revue des institutions de prévoyance*, 1887, p. 158 et s.

« idée d'assistance ; mais c'est en même temps une de
« celles auxquelles les ouvriers rendent le moins justice
« en général. En fait, cette combinaison a souvent été
« de leur part le sujet de plaintes plus ou moins vives ;
« au contraire, dans une association dont chaque ouvrier
« peut devenir membre, les motifs de méfiance disparais-
« sent de plus en plus, et c'est une école où chacun d'eux
« apprend ce que vaut le capital ou l'épargne, ce qu'exi-
« ge de soins l'administration d'une affaire, où chacun
« voit enfin que la gestion et la direction d'une entre-
« prise sont un travail au même titre que le travail ma-
« nuel (1) ».

Les principaux économats ont été organisés par les
compagnies de chemin de fer. Le Nord a donné l'exemple en 1847, suivi plus tard par les compagnies d'Orléans, de l'Ouest et du Midi ; il réunit la clientèle la plus
nombreuse avec 14.700 adhérents. La dissémination des
parties prenantes exige l'adoption de règles spéciales
pour la remise des marchandises.

Sur la compagnie du Midi, un wagon distributeur part
de Bordeaux et s'arrête dans les diverses gares du réseau : un agent est chargé de répartir les achats. D'autres compagnies, celle de l'Ouest, en particulier, expédient, sans frais et comme les colis ordinaires, les articles demandés par les clients de l'économat. Chaque participant possède un carnet dont chaque feuillet comprend
deux parties, l'une pour la commande, l'autre, formant
souche et permettant de contrôler les fournitures à la
réception. Par une mesure de prudence dont il faut louer
les compagnies, le montant des fournitures que chaque
agent peut se procurer ne dépasse pas une certaine frac-

1. A. Gibon, *Les forgerons de Commentry*, p. 12.

tion de son traitement, le 1/3 pour les employés de l'Ouest, les 2/5 pour ceux de l'Orléans, ailleurs 3/5. Le payement est obtenu par voie de retenue sur le salaire mensuel : le crédit est ainsi limité à une période très courte et ne peut qu'être utile aux agents. La moyenne des achats varie de 200 à 400 francs par année ; l'économie obtenue par ce mode d'approvisionnement n'est pas inférieure à 10 0/0 ; mais c'est une économie faite au jour le jour et qui n'aboutit pas aussi commodément à la véritable épargne que la distribution périodique des dividendes.

Profitant de l'expérience de ses devancières, la compagnie de l'Est a cherché à faire mieux en favorisant la création des sociétés coopératives indépendantes. Elle leur fournit un local ou un terrain et leur consent des avances de fonds sans intérêts : dix sociétés coopératives fonctionnent sur le réseau. Cette organisation présente de sérieux avantages sur la précédente : elle met le chef d'industrie à l'abri des soupçons qu'il soulève toujours quand il fait lui-même les achats et les ventes ; elle se plie mieux à la diversité des besoins locaux, elle atténue sensiblement la haine des commerçants. Ces derniers sont exaspérés contre des concurrents qui cèdent les marchandises au prix de revient, et telle est la pratique généralement adoptée par les économats. Aussi ces institutions sont-elles l'objet des attaques les plus passionnées. Dans une réunion tenue au cirque d'hiver, le 28 juin 1893, le syndicat du commerce de l'épicerie a fait accepter un vœu demandant la suppression « absolue de tous les économats de chemin de fer », parce qu'ils ne servent sous une apparence philanthropique qu'à mieux dissimuler les appétits insatiables de financiers et d'administrateurs sans pudeur. En présentant les économats comme une exploitation hypocrite des salariés, on sème la méfiance entre le capital et le travail et l'on fait sortir la haine d'une œuvre qui devrait engendrer la paix et l'union.

Voici deux types d'économats, plus parfaits que ceux des compagnies de chemin de fer, et dans lesquels il est difficile d'apercevoir le moyen pour les administrateurs de satisfaire leur insatiable appétit.

Le premier a été fondé par la compagnie des forges de Champagne et du canal de Saint-Dizier à Vassy. Les marchandises sont vendues au prix des maisons de détail de Saint-Dizier. Les ouvriers participants reçoivent environ le tiers des bénéfices, répartis au *prorata* des achats ; le reste est versé à la caisses des retraites.

La compagnie des houillères de Bessèges présente, à Molières, la seconde institution, basée sur des principes encore plus satisfaisants. Le système des ventes au prix du commerce procure des profits considérables qui reviennent pour la plus grande partie aux acheteurs. La moyenne des excédents distribués ressort à 8 0/0. Si, en général, l'économat se montre avec les caractères d'une société coopérative de consommation que les intéressés ne dirigent pas eux-mêmes, il n'en est plus de même ici ; car l'administration est partagée entre un représentant de la compagnie et un comité de surveillance formé de douze ouvriers, choisis à l'élection par l'assemblée générale des membres participants. La possession d'un carnet d'achats équivaut à une carte d'électeur ou à la propriété d'une action. Entre de telles institutions et les sociétés coopératives organisées sur un modèle classique, la différence est peu sensible ; le passage d'une forme à l'autre est facile et désirable en même temps. « La « société de consommation doit être la forme finale des

« économats établis et la forme initiale toutes les fois
« qu'il n'y a rien de fait (1). »

Aussi beaucoup de chefs d'industrie, soucieux d'améliorer le sort de leurs auxiliaires, en leur procurant « le
bien-être matériel, moral et intellectuel », ont-ils mis
plutôt leur expérience que leurs capitaux à la disposition
des ouvriers. Ils ont mieux aimé provoquer et seconder
leur initiative que la remplacer, voulant leur apprendre
à agir par eux-mêmes, à se rendre compte des difficultés
inhérentes à toute entreprise, heureux aussi de leur laisser le mérite et l'honneur du succès. Le patronage dis-
cret est moins susceptible que la création des économats
de porter ombrage, soit aux ouvriers, soit aux fournisseurs locaux ; il a donné d'excellents résultats. La société
formée par les forgerons de Commentry est une des plus
intéressantes applications de cette méthode. Quand elle
intervient avec cette réserve qu'éveille l'idée d'un intérêt
moral plutôt que d'une action directrice, l'influence
patronale est très salutaire. Il est utile que des hommes
attestent ainsi leur sollicitude pour les ouvriers et leur
enseignent le moyen le plus digne, le plus honorable et
en même temps le plus sûr de se garantir du fléau des
dettes et du désordre qui leur sert de cortège. L'efficacité du remède a été pleinement démontrée par la société
des forgerons de Commentry. Avant sa fondation, plus de
cinquante travailleurs étaient sous le coup de saisies-
arrêts. Peu d'années après, ils avaient brisé les liens de
la véritable servitude : celle des débiteurs vis-à-vis des
créanciers (2).

1. *Réforme sociale*, 15 janvier 1888, p. 131.
2. M. Fongerousse. *Rapport sur l'exposition d'économie sociale*,
p. 162.

En dehors du concours des patrons, la coopération s'est développée un peu au hasard sur tous les points du territoire, étendant les bienfaits qui découlent de l'épargne et de la prévoyance, réunissant parfois dans la même association, ouvriers des professions les plus humbles, bourgeois, fonctionnaires de tout ordre et de tout rang, « réa-« lisant, dans la véritable acception de ces mots, l'éga-« lité des droits, la liberté des opinions, la fraternité des « services rendus (1). » C'est le spectacle que présente, en particulier, l'association créée par les fonctionnaires et les employés civils de l'Etat, du département de la Seine et de la ville de Paris.

Les sociétés françaises n'ont pas eu pour guide les statuts modèles que les pionniers de Rochdale ont fourni à l'Angleterre; elles n'ont pas senti l'influence d'un homme hors ligne, comme en Allemagne, ayant assez de caractère, d'énergie et d'autorité pour diriger 2000 sociétés et prendre en main les intérêts de 600.000 hommes. Aussi quelle diversité dans les entreprises, dans les statuts, dans les moyens! On discerne aisément un désir commun, celui de réagir contre le renchérissement de la vie matérielle. Mais d'ordinaire la coopération ne se préoccupe pas seulement des avantages immédiatement réalisables : elle a des visées plus hautes et son ambition embrasse, en dehors de la diminution du coût de l'existence, l'amélioration morale de ses adeptes. A ce point de vue, les divergences abondent et font regretter l'absence trop prolongée d'une action directrice.

Cédant à leurs aspirations propres, beaucoup de sociétés françaises se sont uniquement préoccupées de recher-

____

1. M. Ch. Gide. *Avenir de la coopération*, p. 15.

cher les produits les plus purs et de les céder aux prix les plus réduits. Il en est qui ont limité leurs opérations à la fourniture d'une seule denrée, base de l'alimentation; ce sont les boulangeries coopératives, assez nombreuses et généralement prospères. La plus ancienne, qui date de l'année 1864, a répandu tout autour d'elle la saine contagion de l'exemple : c'est la société bien connue de la Flotte (île de Ré). Presque toutes les communes de l'île sont aujourd'hui dotées d'une boulangerie coopérative et la région du continent qui l'avoisine n'est pas restée étrangère à ce mouvement. La Rochelle, Rochefort, Royan, Angoulême, ont imité l'organisation de la boulangerie de la Flotte. Mais toutes ces sociétés n'ont qu'un seul but, vendre le pain le meilleur marché possible. Il serait préférable de les voir organisées sur le système qui domine dans la région du nord, principalement à Roubaix. Les sociétés de cette région restent scrupuleusement dans leur rôle d'instrument d'épargne; elles livrent le pain au même prix que les boulangeries commerciales et permettent ainsi à chaque famille de recevoir à titre de dividende une somme moyenne de 80 francs, par année, au lieu de la recueillir, par fractions insignifiantes et sans profit appréciable, sous forme d'une réduction de prix.

D'autres sociétés, également nombreuses, assignent à leurs opérations un champ plus vaste; elles embrassent la fourniture de presque tous les objets de consommation : épicerie, boissons, étoffes, vêtements, ameublements, chaussures, chapellerie, etc. Les boucheries sont très rares, malgré de courageux efforts qui témoignent des difficultés de toute nature que l'on rencontre dans ce genre d'exploitation. Il n'en existe guère qu'une tren-

taine, assez prospères cependant pour démontrer que cette
forme si difficile de la coopération peut être abordée et
réussir avec un personnel honnête et des administrateurs ayant l'expérience qu'exigent les achats. L'absence
de ces deux facteurs a été cause de la plupart des échecs.
La ville de Nîmes, qui, comme on le verra bientôt, a su
imprimer une nouvelle impulsion au mouvement coopératif, vient d'en faire à nouveau l'expérience; mais elle a
eu aussi le mérite de surmonter les obstacles. Dans un
élégant magasin, s'ouvrit, en 1888, une boucherie coopérative, pourvue d'un personnel d'exploitation que l'on
avait fait venir exprès de Lyon, à cause de son habileté
professionnelle, considérée comme un sérieux élément de
réussite. L'évènement ne justifia pas cette confiance; car
un inventaire dressé peu de temps après l'ouverture de
la boucherie révéla un déficit de 12,000 francs. On décou-
vrit que le personnel, soudoyé par les bouchers de la ville,
trahissait les intérêts de la société, allant jusqu'à jeter
dans les égoûts les quartiers de viandes invendus à la
fin de la journée. Pendant les deux premières années,
l'entreprise se soutint avec peine. Aujourd'hui elle est en
pleine voie de prospérité. Le succès se traduit par une
amélioration très appréciable dans la qualité de la viande
consommée non-seulement par les clients de la boucherie, mais encore par tous ceux qui sont demeurés fidèles
aux commerçants de la ville. En face d'un concurrent qui
recherche un bétail de choix, les autres bouchers sont contraints de se montrer plus soigneux dans leurs achats et
d'offrir au public une viande de qualité supérieure à celle
qu'ils débitaient auparavant. Il n'est pas sans intérêt
d'observer que la boucherie coopérative de Nîmes vend
un peu plus cher que les autres boucheries : c'est donc

la qualité de la viande, la sincérité dans le poids, et peut-
être aussi l'espoir d'un boni éventuel qui attirent les clients
composés d'ouvriers aussi bien que de bourgeois. Le commerce aurait mauvaise grâce à se plaindre d'une concurrence aussi loyale (1).

Des boucheries coopératives existent à Bully-les-Mines,
à Montaigu, à Roubaix, à Dijon, à Lyon et plusieurs
d'entre elles, notamment celles de Lyon et de Dijon
ont été organisées et soutenues par les syndicats agricoles.

On peut affirmer qu'aujourd'hui la coopération française a expérimenté avec succès la fourniture de tout ce
qui touche à l'alimentation, au vêtement, à l'ameublement. Dans certaines branches, l'ameublement et le vêtement, ces essais sont encore timides et le procédé des
ventes indirectes ou système des remises l'emporte de
beaucoup sur l'approvisionnement et la vente directs.
C'est un régime de transition qu'il est dangereux de
recommander en dehors de la période de début, au cours
de laquelle il faut agir avec prudence et proportionner
les frais généraux à l'importance des transactions. Il est
à craindre que la réduction de prix ne soit obtenue qu'au
détriment de la qualité.

Le mouvement a progressé en France, non pas seulement en s'étendant aux diverses branches du commerce,
mais aussi en pénétrant dans toutes les classes de la
société. La coopération n'est plus réputée utile seulement
aux petits, aux humbles, aux déshérités de la fortune :
elle rallie autour de son drapeau tous les hommes sans
distinction de nuance politique ou religieuse, et quelle

1. *Emancipation*, 15 février 1893, p. 18.

que soit leur place dans la hiérarchie sociale ; elle réunit quelquefois dans la même association des membres appartenant aux divers échelons de cette hiérarchie, leur apprend à se connaître et dissipe les sentiments de défiance et les malentendus qui empêchent la bonne harmonie de régner entre des éléments uniquement hostiles parce qu'ils n'ont point l'occasion d'échanger leurs vues et d'apprécier l'identité de leurs intérêts. Par les rapports d'estime et d'affection qui s'établissent entre les sociétaires, la coopération travaille à la réconciliation du capital et du travail, et contribue à la solution du grand problème qui agite aujourd'hui les nations. Aussi ne croyons-nous pas que l'on doive recommander avec certains économistes, la constitution de sociétés recrutant ses membres dans le même milieu social : l'homogénéité ne saurait être considérée comme une condition de succès indispensable. Si elle fait défaut et produit quelque gêne au point de vue matériel de l'entreprise, combien les inconvénients sont faibles comparés aux avantages d'ordre moral obtenus par le rapprochement et la fusion des classes sociales !

Il convient maintenant d'examiner les règles qui ont été appliquées par les sociétés dans la fixation des prix de vente, dans le mode de payement et dans la répartition des dividendes. Ce sont trois points importants sur lesquels doit porter l'attention, parce qu'ils révèlent la conception plus ou moins élevée que l'on se fait de la coopération. La plus grande variété règne selon les opinions et suivant les milieux ; elle met en pleine lumière les conséquences funestes de l'isolement dans lequel ont vécu la plupart des sociétés, chacune envisageant à son point de vue individuel le but à atteindre.

Les ventes se font, soit au comptant, soit à crédit ;
mais le procédé de vente contre argent comptant est un
des principes essentiels de la doctrine coopérative. Celle-
ci, en effet, se propose avant tout d'introduire dans les
familles les habitudes d'ordre et de les soustraire aux
déplorables conséquences du crédit. D'ailleurs le payement immédiat est une condition nécessaire pour mettre
l'entreprise à l'abri de tous risques et lui concilier la confiance dont elle a besoin pour réaliser ses approvisionnements aux prix les plus avantageux. Malgré ces raisons dont il est impossible de nier la logique, la règle du
comptant n'est pas observée d'une manière rigoureuse.
Parfois on prend en considération les cas de gêne momen-
tanée et un crédit est ouvert à l'associé qui le sollicite
dans la limite des actions qu'il possède. A défaut de remboursement direct, l'emprunt est amorti au moyen d'une
retenue sur les bénéfices résultant des achats. Convient-
il de blâmer cette tolérance ? Nous ne le croyons pas ; car,
sans elle, le magasin coopératif serait souvent déserté
pour toujours par des clients qu'une cause légitime,
maladie, chômage, crise, etc., empêche momentanément
d'obtenir contre argent les aliments qui lui sont nécessaires. On reproche souvent aux sociétés coopératives de
méconnaître les sentiments de fraternelle solidarité qu'elles affichent en refusant tout crédit, alors que les marchands ont souci des travailleurs malades ou sans travail, et n'hésitent pas à continuer leurs fournitures. La
règle du payement au comptant doit donc être assez sou-
ple pour se plier à toutes les exigences. Plusieurs sociétés ont réussi à concilier la rigueur des principes avec
l'obligation de venir en aide aux coopérateurs qui se trouvent dans la gêne. Ainsi la Boulangerie digoinaise déli-

vre gratuitement le pain aux sociétaires que la maladie met dans l'impossibilité de travailler. Les sociétés de Tours ont créé une caisse spéciale répondant aux mêmes préoccupations humanitaires. La société de Trith Saint-Léger (Nord) prélève, dans le même but, 5 pour 100 sur ses bénéfices annuels. Sans remplir d'une manière aussi généreuse le devoir d'assistance, les institutions peuvent organiser une caisse de prêts, destinée à fournir les ressources indispensables aux membres que le refus du crédit éloignerait du magasin coopératif.

La détermination des prix de vente n'a pas une moindre portée que le mode de payement. Ici encore deux systèmes sont en présence : suivant le point de vue auquel ils se placent, c'est-à-dire selon qu'ils aiment vivre mieux sans dépenser davantage, ou bien créer l'épargne automatique, les coopérateurs cèdent les marchandises, tantôt au prix de revient, tantôt au prix du commerce de détail.

Dans le premier cas, la société fait directement et immédiatement cadeau à chaque acheteur du bénéfice du marchand ; mais elle écarte, par l'abaissement des prix, la concurrence commerciale qui ne peut, comme elle, négliger les profits ; elle provoque la coalition des marchands trop enclins à obéir à ce sentiment instinctif qui porte l'homme lésé dans ses intérêts à réagir par tous les moyens contre un ordre de choses qui le menace de la ruine. Ces inconvénients auxquels il est difficile de ne pas prêter attention sont-ils au moins contrebalancés par des avantages vraiment sérieux ? Non. Car le système de la vente au prix de revient aboutit à une petite économie quotidienne et à une amélioration toute superficielle. Les petites sommes, les économies de quelques sous passent dans le budget de la famille sans profit appréciable : elles s'en vont en quelque sorte en fumée. L'épargne partielle, au jour le jour, est stérile et illusoire, parce qu'elle exige une volonté ferme et persévérante dont peu d'hommes sont capables. « Autre chose est un bénéfice de dix centimes « perçu tous les jours, autre chose un bénéfice de neuf « francs perçu au bout de trois mois. Il ne faudra qu'un « acte de volonté pour économiser les neuf francs, il en « faudra quatre-vingt-dix pour économiser les dix centi- « mes pendant trois mois. L'intelligence est complice de « la volonté pour négliger les petites épargnes. On se « dit : que ferais-je d'une économie de dix centimes ? Il « est impossible de plus mal raisonner, et très difficile « de ne pas faire ce raisonnement pitoyable (1) ». Avec la vente au meilleur marché possible, le coopérateur n'est pas plus riche à la fin de l'année.

Tout autres sont les effets du second procédé, ou système de Rochdale, dont la supériorité est aujourd'hui reconnue par les coopérateurs de tous les pays. Les marchandises sont vendues aux prix courants du commerce; mais l'acheteur trouve un supplément de revenu ou un moyen d'épargne dans la participation aux bénéfices de la société. Dans ce système, l'épargne a pour origine l'achat des denrées, elle se forme d'elle-même, sans privation, sans effort pénible. Au lieu de tomber sou à sou dans la main du consommateur, l'argent s'accumule pour lui pendant trois mois, six mois ou un an, dans la caisse de la société. Sans donc avoir pris aucune peine, il se trouve, après ce laps de temps, possesseur d'une somme plus ou moins importante. Il peut la réclamer sans doute

____

1. *Revue militaire de l'étranger*, 1890, p. 210.

et la confondre avec les ressources qui assurent la satisfaction de ses besoins journaliers; mais il peut lui donner un meilleur emploi qui manifeste la haute portée morale de la coopération. Au lieu de ne voir dans les dividendes semestriels ou annuels qu'un supplément de revenu, capable de procurer une augmentation de bien-être,
il peut les envisager comme une épargne qui doit grossir
par l'accumulation des bénéfices périodiques, soit dans la
caisse de la société, soit dans une caisse de prévoyance.
Telle doit être l'habitude des vrais coopérateurs; telle doit
être la destination fructueuse à recommander et à faire
pénétrer dans les mœurs, parce que le capital ainsi gagné
devient un élément de sécurité et de progrès.

Qu'en est-il à cet égard dans les sociétés françaises ?
Plusieurs institutions mettent en pratique le système de
Rochdale et vendent au prix du commerce de façon à
réaliser des bénéfices. Quelques-unes arrivent à un tant
pour 100 fort élevé. La boulangerie coopérative de Roubaix restitue, en fin d'exercice, une somme presque
égale au quart des achats, soit 24 pour 100; la société
de consommation d'Anzin distribue un bénéfice net de
plus de 13 pour 100 sur les ventes; la Revendication de
Puteaux est bien près de ce chiffre avec 12 pour 100; la
Moissonneuse restitue 7,60 pour 100 du montant des
achats; la société des employés civils de l'Etat, du département de la Seine et de la ville de Paris, qui date de
1887, a réparti dès le premier semestre de son fonctionnement un dividende de 2,60 pour 100; elle accorde une
ristourne qui oscille entre 3,10 et 5,5 pour 100, résultat
très satisfaisant pour Paris, où la vente de l'épicerie,
objet principal de la société, ne peut fournir d'importants
bénéfices. La société de Saint Remy-sur-Avre (Eure-et-

Loir) procure à ses adhérents un bénéfice moyen de 11 pour 100; la société de Trith-Saint-Léger (Nord) arrive à 12 pour 100, mais ses frais généraux attestent une organisation modèle; car ils ne dépassent pas 2,72 pour 100.

On voit par ces chiffres, qu'il serait facile de multiplier que la vente au prix courant donne des résultats très importants comme économie et qu'elle est susceptible d'en fournir d'aussi brillants dans le domaine de l'épargne et de la prévoyance quand les bonis ne « sont pas aussitôt mangés que touchés. »

Il n'y a naturellement que les sociétés vendant plus cher que le prix de revient qui fassent des bénéfices. Comment sont-ils partagés? Les sociétés bien dirigées doivent les répartir entre tous les acheteurs, au prorata, non de leurs actions, mais de leur consommation. En cela se manifeste la supériorité du régime coopératif sur le système capitaliste : le premier n'accorde au capital qu'un rôle subordonné et limite sa rétribution à l'intérêt; le second, au contraire, consacre en sa faveur le droit à la presque totalité des profits ou dividendes. La plupart des sociétés françaises sont fidèles aux vrais principes; il en est peu qui distribuent les profits proportionnellement aux mises de fonds individuelles.

Dans le groupe, beaucoup trop important, des sociétés coopératives qui préfèrent la vente au prix de revient, figurent un grand nombre de boulangeries et, en particulier, celles des Charentes. Les associés ne trouvent ici d'autre avantage qu'une économie sur la dépense ou mieux qu'un moyen d'accroître leur consommation sans grever davantage leur budget; l'économie est dépensée au jour le jour et sans profit pour la prévoyance: on se montre imprudent comme la cigale au lieu d'imiter la prévoyante fourmi. Tel est le maigre résultat auquel aboutit la plus importante société de consommation, connue sous le nom *d'établissements économiques des sociétés mutuelles de la ville de Reims*. Cette association compte 31 établissements dont les opérations portent sur la boulangerie, l'épicerie, les vins, la mercerie, les charbons de terre, etc., et se chiffrent par une somme de plus de quatre millions. Les bénéfices sont presque insignifiants : 1,70 pour 100. M. Brelay apprécie cette œuvre en disant qu'elle présente un rouage presque grandiose fonctionnant pour donner des résultats plus que modestes ; il lui reproche de faire une sorte d'agitation à vide au détriment des marchands au lieu de créer à sa clientèle un capital d'épargne de 300 à 400.000 francs par an. Cette critique pourra paraître sévère ; mais il est bon que des hommes autorisés rappellent certains coopérateurs au respect de la vraie doctrine. Malheureusement il faut constater que les conseils sont peu suivis par les sociétés dissidentes qui persistent dans leur hérésie. Cette fausse direction est peut-être la conséquence de l'isolement dans lequel ont vécu les sociétés ; peut-être aussi les efforts accomplis pour leur enseigner et les engager à suivre les principes les mieux vérifiés par l'expérience produiront-ils de salutaires réformes, quand l'influence des congrès se sera fait sentir, en France, avec l'efficacité qu'elle a eue en Angleterre. Le moment est venu d'aborder ce côté de la question qui touche à l'énergie déployée dans ces derniers temps pour arriver à une organisation plus méthodique et plus scientifique des sociétés.

De même qu'en Suisse, les sociétés françaises se sont formées çà et là isolément, au hasard des circonstances locales et sous la pression de causes diverses ; elles pré-

sentent, on vient de le constater, des différences nota-
bles, quant au but et au mode de fonctionnement. Il y
avait donc grand intérêt à les tirer de cette vie égoïste,
à perspective bornée ; il convenait de leur donner une
notion plus exacte du lien qui doit les unir, de leurs intérêts communs et du but commun aussi qu'elles sont
appelées à poursuivre ensemble. Chose rare en France,
remarque l'éminent professeur de Montpellier, M. Ch.
Gide, l'impulsion est partie cette fois de la province.
L'honneur en revient à la ville de Nîmes et au distingué
coopérateur, l'honorable M. de Boyve, dont le nom res-
tera attaché à l'histoire du mouvement coopératif auquel
nous assistons. Depuis l'année 1883, la coopération enre-
gistrait de sensibles progrès à Nîmes, grâce au dévouement éclairé de M. de Boyve. Les trois sociétés existantes
à cette époque n'avaient aucun lien entre elles, lorsque
vint l'idée de créer des réunions où l'on s'occuperait des
affaires coopératives et des questions sociales. Dans ce
but s'organisa la Société d'économie populaire qui fut
bientôt le rendez-vous de tous les coopérateurs nîmois et
qui a eu d'illustres visiteurs étrangers, tels que Vansittart Neale, Holyoake, Ugo Rabbeno. La coopération pratique se complétait ainsi par des conférences mensuelles
sur des sujets d'ordre économique, suivies de causeries
et de discussions courtoises entre personnes de conditions diverses. M. Gide raconte qu'il y a rencontré des
balayeurs de rue, des ouvriers, des bourgeois, des socialistes, un anarchiste et un banquier ; et tout ce monde-là
faisait bon ménage (1). A son sens, c'est une des œuvres

____

1. *Avenir de la coopération*, p. 15. — *Revue d'économie politique*,
1893, p. 4.

les plus bienfaisantes qu'il lui ait été donné de rencontrer ;
il n'en est pas dont la multiplication soit plus souhaitable.
Ces réunions de la Société d'Economie populaire amenè-
rent un rapprochement de plus en plus marqué entre les
coopérateurs de Nîmes, auxquels on avait exposé les
magnifiques résultats obtenus par l'Union coopérative de
la Grande-Bretagne. Les mêmes avantages matériels et
moraux ne pouvaient-ils pas être recherchés et réalisé
par les coopérateurs français ? Isolées, les sociétés demeu-
raient presque impuissantes ; l'union leur donnerait une
force jusque-là inconnue. Pour la créer, on décida l'organisation d'un Congrès. Les promoteurs de cette assemblée
générale se proposaient d'abord de rapprocher les unes
des autres les sociétés de consommation éparses sur le
territoire, afin de leur permettre de se connaître et
d'échanger leurs vues. Ils voulaient ensuite rendre définitif le rapprochement ainsi opéré par le premier Congrès en enserrant les sociétés réunies dans les liens d'une
fédération qui, sans toucher en rien à leur autonomie,
permettrait à chacune de profiter de l'expérience des
autres, et lui assurerait des informations et des avantages commerciaux auxquels, réduite à ses propres moyens,
elle n'aurait pu prétendre.

La tâche était ardue et la tentative courageuse ; car
la plupart des sociétés étaient inconnues, et, en outre,
plusieurs essais de ce genre n'avaient pas abouti. Il a
fallu tout le dévouement et toute l'énergie des organisateurs pour triompher des obstacles et mener à bien l'entreprise. La presse ne marchanda pas son concours ;
grâce à la publicité qu'elle donna au projet de congrès,
il fut possible de recueillir l'adhésion de 85 associations
françaises. Un appel fut également adressé aux coopéra-

teurs anglais qui se firent représenter par leurs deux plus illustres vétérans, Vansittart Neale et Holyoake.

Le premier congrès s'est réuni à Paris le 27 juillet 1885. Les questions soumises à l'examen des délégués témoignent de l'influence exercée par la doctrine anglaise sur l'esprit de leur auteur, lecteur assidu des publications coopératives d'Outre-Manche. Convaincu que le succès de nos voisins a pour cause principale la supériorité de leur organisation, il avait à cœur d'appeler la discussion sur les bases fondamentales du nouveau régime à introduire en France. Ses vues ont été adoptées par le congrès qui a décidé la constitution d'un Comité central, appelé d'abord Chambre consultative, et d'un Magasin de gros auquel on avait donné le nom impropre de Chambre commerciale. Ces deux institutions sont une imitation du conseil central britannique et des Wholesales. Secondée par ces deux organes, la coopération anglaise a pris un merveilleux essor ; la coopération française peut en tirer un égal parti, si elle sait en comprendre les avantages.

Le *Comité central* est en quelque sorte un conseil de gouvernement. Il a mission de poursuivre la réalisation des vœux du congrès ; de s'occuper de toutes les questions intéressant la coopération ; d'éclairer les sociétés sur les questions législatives, administratives ou fiscales ; de chercher et de fixer la nature et l'étendue des droits de la coopération ; et d'arriver, soit par voie judiciaire, soit par voie de pétitionnement, à la juste application ou à la réforme de la législation. Il doit enfin provoquer, par une active propagande de presse, à l'aide de conférences, en un mot, par tous les moyens qu'il juge utiles, la création de sociétés nouvelles. Le comité central n'a pas attendu longtemps l'occasion de justifier son utilité et de montrer les services divers qu'il est capable de rendre. Grâce à son intervention l'administration des contributions indirectes a dû renoncer à une interprétation abusive pour les sociétés coopératives de la loi du 28 mai 1887 sur la surtaxe des sucres. C'est grâce encore aux démarches faites auprès des administrations centrales et aux instances introduites devant les tribunaux que le comité central a fait établir le droit des sociétés en matière de patente et relativement à l'impôt sur le revenu. Il a pris une part très active à l'élaboration du projet de loi sur les sociétés coopératives et il a réussi à faire accepter plusieurs amendements qui ont beaucoup amélioré le projet primitif. Ces premiers travaux mettent en évidence l'utilité d'une institution chargée de la défense des intérêts collectifs. Sa tâche, observe M. Fougerousse, n'est jamais terminée ; car le Parlement fait constamment des lois : le gouvernement les applique et, aussi bien dans la préparation que dans l'application des lois, il y aura toujours à sauvegarder la coopération. La discussion de la loi douanière en a fourni la preuve. Le comité ne pouvait demeurer inactif en présence d'une législation dont l'effet le plus certain était de produire où d'augmenter la cherté des choses nécessaires à la vie ; il s'est joint aux défenseurs de la liberté commerciale et la pétition qu'il a déposée à la Chambre des Députés a été fort remarquée (*Journal officiel*, 10 mai 1891, page 840).

Mais le comité central ne se cantonne pas dans l'étude des questions d'intérêt général ; son action bienfaisante se fait sentir dans l'administration intérieure des sociétés par des conseils, des avis, des consultations et des encouragements. Beaucoup de sociétés lui ont soumis leurs statuts en l'invitant à les examiner et à signaler les points susceptibles de réformes. Il y aurait avantage pour le plus grand nombre des sociétés à imiter cet exemple et à mettre à profit la haute compétence du comité qui ne manquerait pas de leur indiquer les meilleures règles à suivre et de les appuyer de considérations capables de les faire accueillir. Dans les échanges de communications que ces demandes feraient naître, le comité trouverait une occasion favorable de faire disparaître, de signaler tout au moins bien des notions fausses, d'exercer son action directrice sur le mouvement, de faire de la saine propagande et de contribuer au développement de la coopération en quelque sorte classique.

Cette direction, exercée par un pouvoir central librement élu, et le groupement de tous les coopérateurs, ne sont pas encore appréciés par la majeure partie des associations. Les adhésions au comité central sont encore peu nombreuses ; 150 sociétés seulement sur les 940 existantes font aujourd'hui partie de l'Union coopérative. Le but poursuivi, c'est-à-dire l'organisation générale des forces coopératives, n'est donc que très imparfaitement atteint : beaucoup de sociétés s'obstinent à rester dans leur stérile isolement. Celles-là même qui ont été gagnées à la cause de la fédération témoignent de leur peu d'esprit de solidarité : il a fallu réduire la cotisation primitivement fixée à 10 centimes et se contenter de cinq centimes par membre et par an ; à ce taux presque dérisoire, elle n'est même pas régulièrement payée (1). Pour que les sociétés françaises marchent dans la voie où l'Angleterre les a devancées, il est cependant indispensable qu'elles se

1. *Revue d'économie politique*, 1893, p. 7.

concertent, qu'elles s'unissent : les attaques passionnées du commerce lui en font un devoir impérieux autant que le besoin de s'imposer à l'attention publique par leur nombre et de conquérir ses sympathies par la supériorité des principes qui sont la base des institutions.

Le second organe, *le magasin de gros*, considéré avec raison par le premier congrès comme éminemment propre au développement des sociétés, est, lui aussi, fort loin de l'importance qu'il devrait avoir. Cependant l'œuvre se recommande d'elle-même ; car elle résout une des questions les plus délicates pour les sociétés de consommation : la question des achats. Le magasin de gros est un syndicat non pas d'individus, mais d'associations, formé en vue (1) de l'achat en commun de tout ce qui concourt à la satisfaction des besoins matériels de l'homme. Il est hors de doute que les avantages du groupement en faveur des individus existent à un degré supérieur au profit des sociétés, car elles sont des consommateurs plus importants que les sociétaires. Par l'entremise du magasin de gros, les plus petites sociétés acquièrent les produits dont elles ont besoin aux mêmes conditions de prix et de qualité que les plus puissantes. Les gros achats, faits à la source même de la production, seront longtemps le secret du bon marché. A l'économie se joint la possibilité de vérifier et de contrôler la valeur qualitative des marchandises. Opérant isolément, les sociétés ne peuvent recourir à l'analyse des échantillons qui leur sont soumis et trop souvent elles acceptent des produits dont la véritable nature est habilement dissimulée. C'est à ces divers

1. Le Sénat vient d'interdire aux sociétés coopératives la forme syndicale. *Compte-rendu in-extenso*, 1893, p. 1381.

inconvénients que remédie le magasin de gros. Il semble que son organisation tardive eût dû être compensée par de rapides progrès. Il n'en a malheureusement pas été ainsi : les grandes sociétés qui pouvaient apporter un appoint considérable, s'en sont tenues systématiquement éloignées sous le prétexte assez peu justifié qu'elles étaient capables de se suffire à elles-mêmes; celles de moindre importance qui n'avaient pas la même raison à faire valoir ont témoigné une égale indifférence à l'égard de la nouvelle institution. Elle se soutient néanmoins et accuse même un certain progrès, mais d'une lenteur quelque peu inquiétante. Le chiffre des affaires a passé de 1.720.000 francs en 1890, à 2.400.000 francs en 1892 (1); il paraîtra bien faible si on le met en parallèle avec le montant des affaires traitées par les wholesales britanniques. Faut-il attribuer la cause de cette marche si lente au nombre trop restreint des sociétés françaises ? Ce serait une erreur certaine : la coopération est plus répandue en France qu'on ne le croit d'habitude; mais elle a le grand tort de fuir la publicité. Aussi a-t-il fallu les recherches patientes du Comité central pour découvrir et pour révéler notre richesse coopérative. La statistique est encore bien imparfaite : elle n'a pu dénombrer les coopérateurs, établir la moyenne du chiffre des ventes et de la consommation annuelle par sociétaire; elle est impuissante à renseigner sur le taux moyen des profits et sur leur emploi; elle ne permet pas davantage de connaître le capital-actions dont les sociétés disposent.

1. *Op. cit.*, p. 7.

L'*Almanach de la coopération française*, publié pour l'année 1893, se borne à dresser par département la liste des sociétés existantes ; il relève 942 sociétés de consommation, réparties sur tous les points de la France, ce qui montre que l'utilité en a été partout comprise. Toutefois, dans six départements : Corse, Côtes-du-Nord, Finistère, Lozère, Orne et Tarn-et-Garonne, la coopération n'a pas encore pris racine. Elle est devenue florissante au contraire dans les groupes suivants :

1° Celui des Charentes, qui compte 126 sociétés où l'on se contente à tort de produire le pain à bon marché. A l'exception de trois ou quatre, elles limitent leurs opérations à la boulangerie, alors qu'elles devraient, en raison de leur situation prospère, les étendre à la vente de l'épicerie, des liquides, etc., elles enfanteraient l'épargne d'une façon aussi abondante que les distributives d'Angleterre ;

2° Celui du Rhône, de Saône-et-Loire et de la Loire. Le précédent groupe a subi la contagion de l'exemple donné par la célèbre boulangerie de la Flotte dont nous avons parlé précédemment. Celui-ci doit son importance à l'influence de la cité lyonnaise, où les associations ouvrières ont toujours été fort en honneur. Les trois départements limitrophes ne possèdent pas moins de 174 sociétés coopératives ;

3° Celui de la Seine avec 84 sociétés ;

4° Celui du Nord (Nord, Pas-de-Calais, Aisne, Ardennes) compte 99, chiffre insuffisant en raison de la population agglomérée dans ce centre industriel et minier.

Les départements du Doubs et du Jura fournissent un contingent de 35 sociétés ; celui d'Indre-et-Loire arrive avec 19 sociétés, chiffre moyen des institutions existantes dans les départements qui avoisinent Paris (1). Il serait intéressant de connaître le nombre des membres composant ces 942 sociétés ; la statistique est muette sur ce point. Néanmoins, en s'en rapportant à divers documents publiés par *les coopérateurs français*, on trouve que la moyenne du nombre des sociétaires peut être estimée à 500. Ce serait donc environ 470,000 membres que comprendraient les 942 sociétés connues ; comme ces coopérateurs sont, en général, chefs de famille, ils ne représentent pas moins de deux millions de personnes engagées dans le mouvement coopératif.

Les institutions de la Grande-Bretagne étaient moins nombreuses quand fut créé le magasin central de Manchester. Sa prospérité rapide et son merveilleux succès tiennent à l'esprit de discipline et de solidarité si développé chez les coopérateurs anglais. Pourquoi donc en est-il autrement chez nous ?

C'est que les préjugés de la province à l'égard de Paris, siège du magasin de gros, ont fait croire à certaines sociétés que la fédération était une de ces mille occasions que saisit la capitale pour absorber et dominer la province. L'organisation d'un magasin de gros unique a donc soulevé des objections. Les partisans de la décentralisation ont proposé de créer des centres d'achats régionaux en invoquant des raisons qui ne sont pas sans valeur. Ils ont fait remarquer qu'il y a un intérêt évident à former des comités d'achats dans les régions où les produits prennent naissance et dans les ports par lesquels ils pénètrent dans notre pays. Les centres régio-

1. *Op. cit.*, p. 7 et s. *Almanach de la coopération française*, p. 107.

naux peuvent encore simplifier les opérations qu'entraîne l'échange à distance, et, par une entente mutuelle, se renseigner sur les sources avantageuses d'approvisionnement qu'ils possèdent dans leur circonscription.

En vue de dissiper les inquiétudes de la province, le Comité central a pris lui-même l'initiative de proposer la décentralisation et de soumettre un plan d'organisation nouvelle qui donne aux sociétés de province une part plus grande dans la direction du mouvement. Le moyen consiste à former des groupements régionaux dans les principaux centres coopératifs, Nîmes, Lyon, Marseille, Tours, etc.; mais ils doivent pour le moment se limiter à la propagande et aux études sur les questions d'intérêt local ou collectif. « Si l'on veut réunir les magasins de « gros, a-t-on dit, il faut d'abord en réunir un complète-« ment. Quand l'un d'eux sera parvenu au plein succès, « mais seulement alors, on pourra songer à en créer un « second. En voulant commencer sur plusieurs points, on « risquerait d'échouer partout (1). » Il n'eût peut-être pas été impossible de mettre tout le monde d'accord en étudiant la création de succursales dans les principaux centres coopératifs. Mais on ne peut méconnaître la justesse de l'observation que nous avons reproduite.

Le besoin d'un magasin desservant une nombreuse clientèle et réunissant un capital en rapport avec le développement qu'il convenait de donner aux affaires ne pouvait faire de doute dans l'esprit de ceux qui espéraient, en 1890, arriver à une entente des coopérateurs français et étrangers, à une fédération internationale. On envisageait cette alliance comme un moyen de faire

---

1. *Congrès coopératif de Tours*, 1887, p. 47.

naître des rapports d'affaires entre les sociétés françaises et étrangères : les magasins de gros des divers pays étaient naturellement désignés pour pratiquer cet échange international. Il était donc nécessaire de donner au magasin français une importance en rapport avec le rôle nouveau qu'il avait à remplir. Les coopérateurs anglais, belges et italiens, avaient fait bon accueil à la proposition d'alliance. Mais le vent de protectionnisme qui souffle sur l'Europe depuis quelques années devait empêcher l'union internationale des coopérateurs d'ouvrir les débouchés que l'on avait entrevus. Le nouveau régime douanier n'est guère propre à l'établissement de relations commerciales entre les compagnies coopératives des différents pays. Par contre, en augmentant la cherté des choses nécessaires à la vie, il impose aux consommateurs la recherche des combinaisons capables de remédier à la hausse des denrées. L'intérêt bien compris des coopérateurs, qui luttent contre le renchérissement du coût de l'existence, ne commande-t-il pas de soutenir une institution — le magasin de gros — qui a précisément pour but de les approvisionner aux conditions les plus économiques ? D'où vient donc leur indifférence ? Elle tient à plusieurs causes, mais surtout à l'absence d'éducation coopérative.

En France, les questions d'instruction n'ont guère préoccupé les esprits que dans ces dernières années et la semence a été répandue depuis trop peu de temps pour qu'elle puisse déjà produire des fruits. L'esprit de discipline et la foi coopérative qui ont si puissamment contribué au succès des institutions anglaises n'existent que dans un très petit nombre de sociétés françaises. Les humbles promoteurs du mouvement parti de Rochdale avaient bien

compris, eux, que leur œuvre ne devait pas borner son
horizon aux avantages matériels, qu'il lui fallait viser
plus haut et entreprendre le perfectionnement moral de
l'homme. Nous avons vu qu'une de leurs premières préoccupations a été de consacrer à l'instruction une part des
bénéfices. Dans les congrès on a jugé nécessaire de revenir à maintes reprises sur cette question capitale de l'éducation et de l'instruction. Le professeur Stuart a dit dans
un de ces congrès : « l'instruction est désirable pour tous,
« mais pour les coopérateurs, c'est une question de vie ou
« de mort. » L'éducation coopérative qui consiste à faire
connaître aux coopérateurs leurs devoirs sociaux, à développer en eux l'esprit de discipline et de solidarité, n'a pas
une moindre importance. Au congrès de Tours, en 1887,
M. Ugo Rabbeno déclarait : « le plus grand philosophe de
« notre temps, Herbert Spencer, à qui j'avais demandé
« ce qu'il pensait de la coopération, me répondit : vous ne
« devez compter sur un succès complet qu'après avoir
« amélioré la nature morale de l'homme, » et il ajoutait :
« tous nos efforts doivent donc tendre vers ce but. »

Or, en France, ce côté si délicat de la coopération a
été négligé au moins jusqu'à l'époque où les coopérateurs
de Nîmes ont entrepris de réformer les pratiques anciennes. Il serait peut-être impossible de citer, en dehors du
groupe de Nîmes, une seule société ayant inscrit dans ses
statuts qu'une petite somme serait prélevée sur les profits
annuels pour assurer l'instruction de ses membres. Et
cependant tout le monde est d'accord pour reconnaître
que notre infériorité par rapport à l'Angleterre est due en
partie à l'absence d'un enseignement coopératif. Le président d'une société portait, en 1888, ce jugement sévère :
« Vous ne pouvez savoir combien peu les intérêts moraux

« de la coopération touchent les sociétaires ; leur princi-
« pale, je pourrais dire leur unique préoccupation est
« celle-ci : payer le moins cher possible au magasin et
« recevoir cependant le plus possible de bénéfices en fin
« d'année (1). »

Il y avait donc une grave lacune à combler. Le congrès de Marseille (1890) a inscrit à son ordre du jour
la grande question de l'éducation populaire. A la suite
d'un remarquable rapport où il exposait qu'une société
bien organisée avait le devoir d'assurer l'instruction commerciale, l'éducation coopérative, l'instruction économique et sociale, M. de Boyve proposa la création d'un comité d'instruction. Sa mission devait être de faire une
active propagande, d'organiser des conférences et de fonder des bibliothèques. Le même congrès a demandé la
publication d'un ouvrage populaire sur la coopération
« expliquant avec impartialité les différents systèmes
« d'organisation sociale et les différentes directions que
« les diverses écoles cherchent à donner au mouvement
« coopératif. » L'ouvrage n'a pas encore été publié par
suite du retard qu'éprouve le vote de la loi soumise au
Parlement. Enfin le Congrès, persuadé que c'est sur l'esprit des jeunes générations qu'il est le plus utile d'agir, a
mis au concours entre les instituteurs une leçon fami-
lière et pratique afin de les intéresser au mouvement.
L'appel n'a pas été vain ; car le congrès suivant (1891)
a pu décerner les récompenses promises aux concurrents.

Certains esprits voudraient voir introduire l'enseignement coopératif non-seulement dans les classes primai-

1· *Réforme sociale.* Janvier-juin 1888, p. 443.

res, mais surtout dans les écoles supérieures et professionnelles où se rencontre l'élite de la jeunesse ouvrière. Il serait facile, en effet, de justifier cette extension des programmes par l'avantage de développer l'initiative individuelle, d'apprendre aux jeunes générations qu'elles doivent beaucoup plus compter sur leurs propres efforts, rendus puissants par l'union, que sur l'intervention des pouvoirs publics et sur les secours de l'Etat nécessairement insuffisants. A notre sens, ce serait faire œuvre utile que de montrer, par les exemples qui abondent, que la classe si intéressante des travailleurs trouverait facilement en elle-même les moyens d'améliorer sa condition au lieu d'attendre la transformation de l'ordre social actuel d'un bouleversement général qui ne lui profiterait pas. « Quand bien même la poudre ferait sauter aujour-« d'hui ce vieux monde, a dit Herzen, on le verrait « renaître de ses cendres ! » La théorie de la Révolution est décevante, mensongère, chimérique ! La loi naturelle de l'évolution est réelle : elle agit sûrement, mais lentement, et l'instruction coopérative est capable d'en accélérer la marche. Serait-il donc si déraisonnable de mettre la jeunesse de nos écoles en garde contre les utopies qui lui seront offertes comme des panacées universelles, aptes à guérir les maux qui travaillent les nations ? La coopération et les institutions qui s'y rattachent seraient-elles donc si déplacées sur les programmes d'enseignement ?

Avant que cette réforme, qui aurait les plus heureux effets dans l'avenir, puisse être introduite dans nos écoles, les chefs du mouvement coopératif agissent sur les personnes d'âge mûr et prodiguent leurs efforts de propagande. En dehors des conférences et des congrès, la doctrine coopérative est répandue par trois organes principaux : la *Fédération nationale*, l'*Emancipation*, les *Coopérateurs français*.

La *Fédération nationale* est une sorte de journal officiel du Comité central et du magasin de gros. Elle publie les comptes-rendus des séances du Comité ainsi que divers renseignements d'ordre administratif et juridique intéressant les sociétés.

L'*Emancipation* créée à Nîmes en 1886 par M. de Boyve, dont le zèle infatigable se remarque partout, est une publication mensuelle qui se consacre à l'étude non seulement de la coopération proprement dite, mais encore de toutes les questions se rattachant à l'économie sociale. Elle fait preuve d'un libéralisme exemplaire, en acceptant la collaboration des écrivains de toute école, de toute nuance politique ou religieuse.

Les *Coopérateurs français*, fondés en 1885 par M. Fougerousse, cherchent avant tout à guider les sociétés à travers les difficultés complexes de la pratique.

Il convient de compléter cette énumération en citant le *Bulletin de la participation aux bénéfices*, qui remonte à l'année 1879 (1).

L'utilité de l'instruction a donc été comprise et de sérieux efforts ont été faits pour la donner et recruter ainsi de nouveaux adeptes. Si dans cette œuvre de propagande on met en relief les avantages pratiques et le côté positif des institutions, néanmoins on ne perd pas de vue que « ces avantages-là, à eux seuls, et si grands « qu'ils puissent être, n'ont jamais suffi pour imprimer « à la coopération un vigoureux essor, pour attirer les « foules autour de son drapeau, pour en faire en un

1. *Revue d'économie politique*, 1893, p. 6.

« mot une puissance. Les hommes ne donnent leur cœur
« et leur foi que là où ils croient voir un idéal (1). » Cet
idéal existe pour les coopérateurs anglais, allemands, italiens, américains. L'étude de leurs associations nous a
appris que par eux la coopération est envisagée comme
un mode d'organisation industrielle et commerciale supérieur au régime économique actuel et destiné à le remplacer dans un avenir plus ou moins reculé. Ils ont foi
dans cet avenir et tous leurs efforts tendent à le préparer.

La même communauté de vues existe-t-elle en France?
Un instant on a pu le croire et fonder sur cette entente
l'espoir que le mouvement allait recevoir une vive
impulsion, et s'engager dans une voie féconde. Ne devait-
il pas être guidé par des maîtres éminents dans l'art de
la coopération, unis sans distinction d'école: M. Fougerousse, appartenant à l'école de Le Play ; M. Brelay, de
l'école libérale ; MM. de Boyve et Ch. Gide, représentant
les idées les plus avancées sur l'avenir de la coopération et devenus en réalité chefs de ce que l'on appelle
aujourd'hui « l'école de Nîmes » ! M. Brelay avait mis sa
plume au service de l'*Emancipation* et M. Fougerousse,
dans *les Coopérateurs français*, faisait campagne dans le
même sens. L'harmonie était complète, lorsqu'en 1889
se produisirent des divergences de doctrine d'où est né
« un véritable schisme ». Le programme de l'école de
Nîmes développé au Congrès de cette même année parut
trop voisin des théories socialistes : il fut cause de la
rupture. En voici les points essentiels, tels que l'auteur
les a lui-même résumés :

« La coopération est, pour nous, non pas simplement

1. Ch. Gide. *Avenir de la Coopération*, p. 4.

« une institution destinée à améliorer le sort des salariés,
« en leur permettant de dépenser un peu moins ou de
« gagner un peu plus, mais destinée à transformer com-
« plètement et même à éliminer graduellement le sala-
« riat lui-même, en donnant aux travailleurs la propriété
« de leurs instruments de production, et à supprimer les
« intermédiaires, y compris l'entrepreneur. Elle ne vise
« pas à supprimer le capital, mais simplement à suppri-
« mer son droit sur les profits ou dividendes en le
« réduisant à la portion congrue, l'intérêt. Elle s'efforce
« surtout de donner à la coopération un idéal et de sou-
« lever les âmes en leur montrant un but qui vaille la
« peine d'être conquis.

« Comme voies et moyens, nous préconisons non point
« d'abord l'association de production, comme on l'avait
« fait jusqu'alors sans succès en France, mais en pre-
« mière ligne l'association de consommation comme on l'a
« fait avec tant de succès en Angleterre.... Les associa-
« tions de consommation puissamment organisées, sont
« la condition préalable pour que les associations de pro-
« duction puissent vivre : car elles seules pourront leur
« fournir les trois éléments qui leur ont fait défaut jus-
« qu'à présent à savoir, des *gérants*, des *capitaux* et des
« *débouchés* » (1).

Nous aurons à examiner plus tard si la coopération de
consommation peut aboutir à ce merveilleux résultat.
Pour l'instant, nous nous bornons à exposer les tendances
de l'école de Nîmes et à constater que MM. Brelay et
Fougerousse, les trouvant illusoires et dangereuses, ont
dénoncé le traité d'alliance et cessé de soutenir les doc-

1. *Revue d'Economie politique*, 1893, p. 17 et s.

trines de l'*Emancipation.* En coopération, comme en politique, il y a donc désormais des partis nettement tranchés : d'un côté ceux qui adhèrent aux conceptions dont M. Fougerousse se fait l'interprète et le défenseur dans les *Coopérateurs français* en hostilité déclarée avec l'*Emancipation ;* et de l'autre ceux qui ayant accepté le programme de 1889, croient, avec le savant professeur de l'Université de Lausanne, M. Secretan, que « l'association coopérative libre est l'avenir, si toutefois la civilisation moderne possède réellement un avenir. » Cette scission, que des incidents postérieurs ont rendue plus complète, est très regrettable ; car elle est de nature à jeter du trouble dans les esprits par la diversité des principes recommandés ; elle peut ainsi causer un grave préjudice à la coopération et enrayer le progrès qui devait être la résultante logique de l'organisation nouvelle. En présence de ces tendances opposées, n'est-il pas à craindre que beaucoup de sociétés continuent à suivre leurs anciens errements et les tiennent pour supérieurs aux méthodes préconisées par les congrès ou par la presse coopérative ? La divergence des vues n'est-elle pas bien propre à soulever des doutes sur les mérites réels des institutions ? N'est-elle pas enfin nuisible à l'union fédérative des sociétés, considérée partout comme le plus sûr moyen d'en étendre l'influence et d'en assurer la prospérité et le succès ? Alors que tout autour de nous se produit une admirable floraison d'œuvres en rapport avec les besoins nouveaux de la société, en France on est conduit à se demander si la coopération, après avoir germé et pris racine, ne trouve pas dans notre sol un terrain qui lui communique anémie et langueur. Sa croissance, nous venons de le voir, est entravée par le manque de

solidarité et d'éducation, par la faible capacité « associa-
tive » des Français, par l'esprit de division qui « semble
être une infirmité constitutionnelle de notre race. » Faut-
il donc désespérer de la voir grandir et donner les fruits
abondants que l'on a récoltés en d'autres pays? Les renseignements fournis par la statistique et résumés précédemment combattent cette conclusion décourageante : on
ne peut nier pourtant que, chez nous, la coopération,
sous ses diverses formes, ne repose pas encore sur des
bases bien solides : la preuve en est dans les questions
agitées au dernier congrès qui s'est ouvert, à Grenoble,
le 15 octobre 1893.

Ce n'est pas sans étonnement qu'après quarante années
de pratique et d'expériences, on lit inscrits à l'ordre du
jour « le mode de taxation des marchandises, l'emploi des
« bonis ou excédents de la coopération de consomma-
« tion », comme s'il était encore permis de mettre en
doute la supériorité de la vente aux prix du commerce et
le principe de justice qui conseille la répartition des profits proportionnellement aux achats. A l'incertitude des
règles à appliquer, aux difficultés intérieures, engendrées
par la persistance des vues individualistes, viennent se
joindre les attaques du commerce que des progrès, trop
lents, mais continus, exaspèrent et rendent jaloux. Ces
sentiments ont été traduits à maintes reprises dans les
pétitions adressées soit aux représentants locaux de l'autorité, soit aux Chambres. Au sein du parlement, le commerce de détail a trouvé des défenseurs qui n'ont pas
toujours montré un grand souci du droit et de la liberté.

Sans entrer dans les discussions soulevées par les
plaintes des commerçants, nous nous bornerons à rappeler que tout récemment les adversaires de la coopération

ont cherché à rendre impossible la fédération des sociétés, en traçant à chacune des frontières précises et étroites; et à limiter les bénéfices de l'achat en commun à un groupe social, « aux classes laborieuses, aux ouvriers, aux « travailleurs qui vivent de leur salaire quotidien. » (Ch. des Dép., 29 mars 1893). A leurs yeux, les sociétés coopératives ont été inventées pour les ouvriers, pour les salariés, pour les gens peu favorisés de la fortune, mais non pour les propriétaires, les rentiers ou les fonctionnaires. Pratiquée par cette dernière classe de consommateurs, la coopération serait une violation flagrante de la liberté du travail et de la liberté du commerce. Sous le nom de liberté, les commerçants réclament au fond une sorte de monopole puisqu'ils prétendent empêcher quelques pères de famille d'acheter directement leurs provisions alimentaires pour se soustraire à l'entremise trop onéreuse des marchands. Cette faculté on la concède aux ouvriers, mais non pas à l'ensemble des consommateurs. A son tour, le commerce demande des droits protecteurs et même prohibitifs contre la coopération.

Les critiques, on le voit, ne prononcent plus une condamnation générale contre les sociétés de consommation. On n'invoque plus pour en détourner les travailleurs, la terrible « loi d'airain ». C'est qu'on n'ose plus guère soutenir aujourd'hui que le prix du travail, c'est-à-dire le salaire, est déterminé par le minimum du coût d'entretien, et que par voie de conséquence, les ouvriers n'auraient aucun profit à retirer d'une société de consommation; car, obtenant à meilleur compte et de meilleure qualité les denrées dont ils ont besoin, ils verraient les salaires diminuer en même temps que la cherté de la vie et s'abaisser au minimum du coût de l'existence. Les faits se sont chargés de démentir cette affirmation que le salaire ne peut s'élever au-dessus du minimum indispensable pour subsister. La prétendue loi énoncée par Lassalle, est depuis longtemps mise en défaut par l'augmentation des salaires coïncidant avec le développement d'institutions appelées à fournir une plus grande aisance aux travailleurs. Du reste, le parti socialiste en France et en Belgique tout au moins ne semble plus hostile aux sociétés de consommation. Le dernier congrès socialiste de Paris en a reconnu l'utilité, et l'on sait qu'en Belgique la coopérative de consommation est devenue un instrument de propagande socialiste. Le mouvement n'est donc plus enrayé par la défiance des ouvriers. C'est peut-être pour ce motif que l'on consent une exception en leur faveur. Mais pourquoi enfermer l'activité coopérative dans un cercle étroit et nécessairement arbitraire ? N'est-ce pas commettre un déni de justice vis-à-vis de tous ceux qui, en dehors des ouvriers proprement dits, ayant de lourdes charges et de faibles revenus, usent d'un droit indéniable en recherchant dans l'association le moyen d'équilibrer leur maigre budget et d'arriver même à un petit excédent en prévision des mauvais jours et de l'inévitable caducité ? A quoi bon faire revivre une distinction des classes sociales condamnée par le principe de l'égalité de tous dans le droit et devant la loi ? Sous un prétexte apparent de sollicitude envers les humbles et les déshérités de la fortune, se dissimule le secret désir d'enrayer le progrès de la coopération, qui peu à peu parvient à pénétrer dans toutes les couches sociales, parce qu'à toutes elle offre le moyen de se passer des intermédiaires avides, de s'affranchir du joug pesant de l'épicier, du boucher et du boulanger.

Dans une récente étude, le savant professeur de Montpellier, M. Gide, qui fait autorité en ces matières, enregistre comme un symptôme d'heureux augure la détente qui vient de se produire dans l'attitude du parti socialiste vis-à-vis de la coopération. Acceptée par la classe ouvrière, la coopération est en voie de gagner les sympathies de la classe bourgeoise et de faire apprécier ses mérites par la catégorie si nombreuse des fonctionnaires de nos multiples administrations. Nous avons eu l'occasion de citer la société pleine d'avenir fondée en 1887 par les employés civils de l'Etat du département de la Seine et de la ville de Paris. Marseille possède une institution analogue : la contagion de l'exemple s'étendra sans doute bientôt à tous les points du territoire. C'est la crainte qu'exprimait naguère à la Chambre des Députés un adversaire des sociétés de consommation. Il peut se fonder demain, disait-il, une société coopérative de tous les employés des postes et télégraphes qui aura son siège à Paris, avec des succursales lui permettant de rayonner sur l'ensemble du pays. Déjà l'armée s'est ralliée à la coopération et l'association des officiers dessert une clientèle répartie sur tous les points du territoire. Energiquement lancé et activement soutenu le mouvement coopératif ne tarderait pas à englober la population entière, sans excepter les classes rurales au milieu desquelles se développe et progresse rapidement une institution capable d'exercer au point de vue qui nous occupe la plus salutaire influence : nous avons nommé les *syndicats agricoles*.

Ces institutions, de création récente, sont le résultat assez inattendu de la loi libérale du 21 mars 1884 sur les syndicats professionnels. Le projet de loi ne concernait pas tout d'abord l'industrie agricole. C'est un député qui, au cours de la discussion, eut l'heureuse idée de demander l'extension de la loi aux agriculteurs : un simple mot ajouté au texte primitif lui donna satisfaction. L'article 3 de la loi fut ainsi conçu : « les syndicats pro-« fessionnels ont exclusivement pour objet l'étude et la « défense des intérêts économiques, industriels, commer-« ciaux *et agricoles*. » Du texte ainsi complété sont sortis les syndicats agricoles. Ils présentent la plus grande ressemblance avec les sociétés d'achats de matières premières, formées en Allemagne entre les agriculteurs ; quand nous en aurons résumé le fonctionnement, ils apparaîtront aussi comme un parent bien rapproché de nos sociétés de consommation.

Les syndicats agricoles se sont répandus avec une très grande rapidité dans toutes les régions de la France et aussi dans toutes les classes de la population rurale, réunissant dans la même association les grands propriétaires et les plus modestes métayers. Avant la loi de 1884, on ne comptait pas 150 de ces groupes agricoles : il en existe aujourd'hui 863 avec 33.000 membres. La proportion des syndiqués au nombre total des personnes de la profession serait, d'après l'*Annuaire*, de 10, 1 pour 100 (1). Les agriculteurs auxquels on pensait si peu ont donc largement profité de la liberté qui leur était concédée. Cette expansion si rapide des syndicats ruraux excite quelque étonnement. Plus que tout autre, le paysan est jaloux de son indépendance : d'ordinaire ce n'est point chose aisée que de le décider à faire partie d'une association et à y verser une cotisation périodique. D'où vient donc cet empressement à faire produire à un texte

1. *Économiste français*, 1893, p. 220.

de loi ces conséquences inattendues? C'est que la loi est venue à son heure, au moment décisif où l'agriculture se sentait aux prises avec les difficultés les plus sérieuses. Devant la concurrence étrangère, il y avait nécessité absolue pour elle de transformer son outillage, de modifier ses procédés de culture et de mettre à profit les découvertes de la science moderne.

Comme tout industriel, l'agriculteur doit poursuivre à la fois un rendement élevé et la réduction du prix de revient de la marchandise qu'il produit. Il y a sans doute des éléments de la production, — temps, climat, conditions atmosphériques, — sur lesquels son action est impuissante ; mais il est moins désarmé à l'égard de la terre, par exemple, ce facteur important qui a besoin de recevoir des engrais réparateurs. En outre, l'emploi de telle ou telle semence est plus ou moins rémunérateur ; les instruments de travail produisent plus ou moins selon leur degré de perfectionnement ; selon la race, le bétail présente aussi des qualités différentes et la pureté du type influe sur les prix de vente.

L'agriculteur a donc tout intérêt à se procurer sans exagération de prix et avec de sérieuses garanties sur la qualité, les engrais, les semences, les outils et machines qui lui sont nécessaires. Agissant isolément, il est exploité par ces courtiers qui parcourent les campagnes pour vendre, à des prix exorbitants, les engrais chimiques dont l'emploi s'est généralisé. L'impossibilité où il se trouve d'en faire contrôler la nature et les propriétés par l'analyse, a été l'occasion de fautes invraisemblables. Le commerce des semences est pratiqué le plus souvent avec la même mauvaise foi. Or, on ne se fait pas, en général, une idée de la dépense annuelle que représente, en

France, la consommation des graines de toute espèce. D'après M. Grandeau, la valeur excède, chaque année, 540 millions de francs; le chiffre des préjudices causés par l'emploi des graines défectueuses est impossible à établir, tant sont variées les causes des dommages éprouvés par les agriculteurs. La mauvaise qualité provient de l'impureté des semences, de l'insuffisance du taux pour cent de graines douées de leur faculté germinative, de l'existence sur les graines de spores de champignons qui envahissent la plante à une certaine période de la végétation. Les petits cultivateurs sont isolément sans défense contre les agissements des vendeurs malhonnêtes.

Avec les syndicats agricoles il en va tout autrement. Propriétaires grands et petits s'entendent pour faire leurs acquisitions en commun : ils bénéficient des avantages que présente toujours l'achat par grandes quantités et à la source même des produits ; sans dépenses trop élevées ils soumettent les produits au contrôle de l'analyse ou bien à l'examen des professeurs d'agriculture. Le groupement facilite encore l'acquisition des machines et, avec le secours de la location, il rend accessible aux petites exploitations l'emploi d'un matériel perfectionné, conjurant en partie les inconvénients du morcellement excessif de la propriété foncière. De cette combinaison résultent une sérieuse économie dans les frais de production et un rendement meilleur. Aussi, malgré l'abaissement du prix de vente, la récolte abondante et moins coûteuse ne cesse pas d'être rémunératrice. Cette régénération de l'agriculture n'est-elle pas un nouveau succès dont il convient de faire honneur à la méthode coopérative ? En effet, l'union des agriculteurs s'inspire du principe qui pousse

les consommateurs à se syndiquer. L'avantage poursuivi des deux côtés s'obtient par des procédés identiques :
groupement des commandes, rapprochement du producteur et du consommateur, échange direct par la suppression de l'intermédiaire inutile. Les syndicats servent de
trait d'union entre le cultivateur et le fabricant ou le
fournisseur en gros. Quelques chiffres vont nous éclairer
sur l'étendue des services rendus et montrer l'importance
acquise par certaines institutions.

Le syndicat de la Charente-Inférieure, avec 12,000
membres, est arrivé en une année, à un chiffre d'affaires de près de trois millions, portant principalement sur
les engrais ; celui du Languedoc ne compte que 1500
adhérents et ses opérations se chiffrent par deux millions
de francs ; un simple syndicat cantonal, celui de Bour-
bourg (Nord), a acheté 400,000 francs de marchandises
pour le compte de ses 400 membres (1). Ces opérations
sont plutôt du ressort des sociétés coopératives que dans
les attributions propres des syndicats agricoles. Aussi
trouve-t-on, organisées par eux, de véritables sociétés
coopératives. L'une des plus importantes est l'œuvre du
syndicat de la Charente-Inférieure ; elle n'a pas moins de
trente et une succursales et ses magasins renferment des
marchandises d'une valeur de 1,400,000 francs.

Le succès obtenu par les syndicats agricoles devaient
tôt ou tard les engager à élargir le cercle de leurs transactions et les faire entrer dans une voie pleine d'avenir.
Au lieu de se renfermer dans les limites qu'ils s'étaient
primitivement tracées, les organisateurs ont compris tout
le parti qu'ils pouvaient tirer des habitudes nouvelles par

---

1. *Op. cit.*, p. 229 et s.

eux introduites au sein des campagnes où le parasitisme des intermédiaires n'est pas moins onéreux que dans les villes. Ils ont donc conçu le projet d'étendre à l'achat des objets de consommation domestique les procédés qui leur avaient si bien réussi pour les besoins de l'exploitation rurale. C'est ainsi que l'on a vu se greffer sur les syndicats agricoles de véritables sociétés coopératives de consommation, faisant venir par grande quantité et aux prix coûtants de fabrique diverses marchandises d'utilité journalière. La voie est donc toute tracée : il appartient aux hommes d'initiative de vulgariser ces essais et d'apprendre aux populations rurales à se passer des services du commerce. L'acquisition à meilleur compte des objets de consommation usuelle faciliterait l'épargne aussi utile aux ouvriers de l'agriculture qu'à ceux de l'industrie manufacturière. En entrant dans cette voie, il deviendrait facile d'aller plus loin et d'organiser la mutualité des secours et les caisses de retraite, en un mot de répandre dans les campagnes les œuvres de prévoyance. Si nos renseignements sont exacts, le syndicat de Poligny s'est tracé ce programme et il en poursuit avec persévérance la réalisation, offrant ainsi un bel exemple à imiter.

Semblables aux sociétés de consommation, les syndicats agricoles peuvent conduire leurs adeptes à l'épargne et à la prévoyance ; ils méritaient donc, dans cette étude, un examen sommaire qui nous a montré l'identité des moyens mis en œuvre et la communauté des buts ; mais ils nous intéressent encore à un autre point de vue que nous ne pouvons passer sous silence.

Les syndicats agricoles ne sont pas simplement consommateurs, ils sont aussi producteurs et précisément producteurs des denrées qui sont la base de l'alimenta-

tion : le pain, la viande, le vin, le beurre, etc. Ce sont là
les denrées par excellence dont les sociétés coopératives
ont le plus grand besoin, celles aussi dont la vente est la
source la plus abondante des gains poursuivis par l'agriculteur. Or, il est manifeste que l'intérêt bien compris des
sociétés de consommation les porte à faire leurs achats
au plus bas prix sans pourtant sacrifier la qualité à une
économie plus apparente que réelle. N'est-ce pas le producteur lui-même qui est le mieux en mesure de livrer
les produits au meilleur marché ? D'autre part le producteur ne doit-il pas chercher à se mettre en rapport direct
avec le consommateur, afin de s'affranchir du lourd tribut que prélève sur lui l'intermédiaire ? Syndicats agricoles et associations coopératives ont donc un égal intérêt à nouer des relations et à profiter mutuellement du
nouveau système d'échange qui en sera la conséquence.
L'extrême division de la propriété en France rendait
sinon impossible du moins fort gênante cette entente du
producteur et du consommateur. Un seul propriétaire ne
peut donner satisfaction aux grandes commandes faites
par les sociétés de consommation. Au contraire, le syndicat peut grouper les offres comme la société coopérative
groupe les demandes.

Du reste, la vente directe au consommateur a passé du
domaine de la théorie dans celui de la réalité pratique.
C'est encore le syndicat de ce département de la Charente-Inférieure, où l'esprit d'initiative et de mutualité
est si répandu, qui a le premier réalisé, sur une assez
vaste échelle, cette mise en relation directe du producteur agricole et du consommateur; il l'a même étendue
aux relations internationales. Pour une certaine variété
de produits, il traite directement avec des consignataires

de Londres. Ce n'est point là un fait isolé. Plusieurs syndicats ont pratiqué la vente directe du bétail et permis aux acheteurs de réaliser une économie de 30 pour 100. Dans cette branche du commerce, les intermédiaires font renchérir les produits dans des proportions qui sont très certainement réductibles. Pour déjouer la coalition des syndicats de bouchers, on a vu se fonder un certain nombre de boucheries coopératives avec le concours des syndicats agricoles. Telle est l'origine d'une boucherie à Caen, d'une autre à Dijon ouverte avec l'appui du syndicat de la Bourgogne, d'une troisième à Lyon créée par l'union des syndicats du Sud-Est.

Le syndicat du Haut-Beaujolais vend lui-même les vins de ses adhérents et se propose d'entrer en relations avec les syndicats des pays qui ne produisent pas de vin. Le syndicat de Montagnac (Hérault) opère de même. Enfin le syndicat d'Indre-et-Loire, dont il convient de louer l'initiative, a pris part le premier aux soumissions pour les fournitures du ministère de la guerre (1).

Si l'évolution économique conduit, comme nous le croyons, à une relation plus étroite et plus directe entre le producteur et le consommateur, si toute réforme qui les rapproche l'un de l'autre favorise cette évolution, on doit reconnaître que le syndicat agricole peut contribuer d'une manière efficace à l'avènement de ce nouveau régime commercial. Le mécanisme capable de simplifier les rouages de l'échange est créé, mais il faut savoir en tirer parti.

Nous croyons avoir montré que par le canal des syndicats les principes de la coopération ont pénétré au sein

1. *Dictionnaire d'économie politique*, p. 951.

des populations rurales et qu'ils peuvent être pour elles la source abondante d'améliorations matérielles et morales. Ce serait une erreur de les considérer comme uniquement propres à venir en aide aux classes laborieuses, et, par suite, comme peu compatibles avec la dignité de certaines fonctions. « Les grands apôtres de la coopéra-
« tion : Holyoake et Neale en Angleterre, Schulze-De-
« litzsch en Allemagne, Jules Simon en France, Vigano
« et Luzzati en Italie, l'ont prêchée à tout le monde sans
« distinction de conditions ou de milieux ». Parti de haut, l'exemple devient plus salutaire. D'ailleurs le sentiment de la prévoyance, de l'économie, de l'épargne, honore aussi bien le riche que le pauvre, le fonctionnaire que l'ouvrier, le bourgeois que le propriétaire. L'application du principe coopératif par toutes les classes de la société est surtout désirable dans un pays, comme la France, qui compte cinq cents mille fonctionnaires de tout ordre et de tout rang. Les émoluments d'activité ou de retraite ne suivent pas une progression aussi rapide que le renchérissement des choses nécessaires à la vie. La moindre augmentation multipliée par le chiffre des fonctionnaires donne des totaux si élevés que les pouvoirs publics hésitent à accroitre les charges budgétaires déjà si lourdes. Ce que l'Etat est impuissant à réaliser par une augmentation directe des revenus, la coopération peut l'accomplir par une importante diminution dans les dépenses. Désespérant d'être traitée, non pas avec générosité, mais avec justice, l'armée a placé sa confiance en elle et lui a demandé son appui contre les deux ennemis que le courage seul ne terrasse pas : la gêne et la dette. Puisse son exemple être imité ! Puisse son initiative rallier tous les hésitants autour du drapeau coopératif !

CHAPITRE II

APPLICATIONS DU PRINCIPE COOPÉRATIF PAR LES ARMÉES
FRANÇAISES ET ÉTRANGÈRES.

I

A ceux qui considèrent la coopération comme intéressant seulement la classe ouvrière et qui n'admettent pas que ce genre d'association puisse être utile en dehors d'une sphère arbitrairement limitée aux déshérités de la fortune, il convient de montrer, en prenant pour exemple le corps d'officiers, qu'à tous les degrés de la hiérarchie sociale se rencontrent les mêmes besoins et que la coopération offre le moyen vraiment pratique de les satisfaire. Il ressortira de l'examen auquel nous sommes ainsi conduit, la démonstration qu'aucun milieu n'est plus favorable à l'épanouissement complet du principe coopératif. Il sera permis d'en conclure ensuite que son domaine embrasse tous les consommateurs sans distinction.

Il est à peine besoin de mettre en relief les chances de succès spéciales aux associations militaires.

En effet, peut-on imaginer pour une société coopérative de consommation des garanties morales plus sérieuses que celles offertes par l'honorabilité incontestée des membres de la grande famille militaire ? Si l'on considère le point de vue économique, on est forcé de remarquer et de reconnaître que la population est avant tout homogène et que ses besoins sont identiques. Ainsi la société trouve dans l'uniformité du vêtement, l'avantage de réaliser, aux meilleures conditions, ses achats de matières premières, destinées à l'habillement et à l'équipement. Il semble que l'on doive ajouter que la coupe des vêtements se ressent peu des fluctuations de la mode. Mais s'il y a bénéfice, même contestable de ce côté, il est plus que compensé par les changements d'uniforme dont la fréquence est aussi désastreuse pour les officiers que les caprices de la mode. Heureusement l'uniformité dans le genre de vie assure plus de fixité dans la nature des consommations ; elle facilite l'approvisionnement du magasin qui dessert une clientèle homogène et peu variable comme nombre. Cependant la dissémination de la population militaire n'est pas sans inconvénients : elle crée en réalité l'obstacle le plus sérieux au succès des coopératives d'officiers et à leur entier rayonnement sur tous les points du territoire. L'éparpillement des consommateurs occasionne des frais de correspondance considérables ; il entraîne une majoration de prix résultant du transport des denrées du magasin principal au lieu de garnison du destinataire. L'obstacle, pour être réel, n'est cependant pas invincible. Dans aucune armée, plus que dans l'armée anglaise, l'inconvénient n'existe à un plus haut degré : l'officier anglais, qu'il appartienne à la marine ou aux armées coloniales, est souvent obligé de vivre éloigné de la mère patrie. Nous verrons cependant combien sont prospères les sociétés militaires de Londres et combien elles ont contribué à relever l'officier de la situation pénible que lui créait son isolement.

Soustraits par la coopération aux exigences oppressives du commerce pour l'habillement, l'épicerie, les vins etc., les officiers se voient le plus souvent contraints d'amener pavillon devant le boulanger et le boucher. Ce ne sont pas les moins avides des fournisseurs. Mais l'organisation des boulangeries et des boucheries militaires exige une population assez dense, et cette condition de réussite se rencontre rarement même dans les grandes villes. Dans ces centres, il est bien difficile de grouper autour de deux ou trois boucheries l'ensemble des consommateurs militaires. Cela tient beaucoup à ce que l'on aime s'approvisionner sans grand déplacement.

Est-ce à dire que la coopération militaire doit laisser, en dehors de son action, les services de la boulangerie et de la boucherie? Tel n'est pas notre avis; mais il nous paraît que la solution de cette difficulté se trouve dans l'extension de la méthode suivie à Toul, méthode que nous exposerons plus loin. Ce sera le vrai moyen de faire bénéficier toute l'armée, et non pas simplement le corps d'officiers, des avantages de la coopération, et de l'exonérer du tribut qu'elle paye à ses fournisseurs.

Plus que tout autre consommateur, l'officier est contraint de s'adresser à des marchands qui, par une coalition trop commune, ont réussi à se créer une sorte de monopole avec la clientèle militaire. Pour ces fournisseurs, dits militaires, les officiers sont taillables et corvéables à merci. Trompés sur la qualité de la marchandise quand ils sollicitent le bon marché, ils sont véritablement rançonnés quand ils exigent des produits de qualité loyale. Aussi, avec une maigre solde et de lourdes charges, n'est-il pas étonnant que la gêne vienne saisir l'officier dès le début de sa carrière et lui fasse sentir un joug de plus en plus pesant. En vain cherche-t-il à le secouer, en recourant au crédit : le remède est pire que le mal ; son effet le plus sûr est de conduire le débiteur à sa perte. Bien peu de budgets se peuvent solder par un excédent de recettes : quelques-uns s'équilibrent ; beaucoup accusent un déficit mensuel, peut-être faible, mais constant. Cette situation pénible s'aggrave par les dépenses imprévues, surtout par les déplacements si fréquents et si onéreux.

La société coopérative offre le moyen d'éviter les déficits mensuels, de se soustraire aux conséquences funestes du crédit, et de réunir la petite épargne avec laquelle il devient possible de faire face aux charges accidentelles de toute nature. Il en est qui peuvent dédaigner pour leur propre compte les avantages d'une telle organisation.

Encore cette indifférence à l'égard d'une œuvre d'intérêt général s'harmonise peu avec les sentiments de solidarité qui font du corps d'officiers une grande famille. L'union qui règne entre les membres impose à chacun l'obligation morale de mettre au service de la société les moyens de succès dont il dispose. Au reste, faire de la coopération, c'est montrer que la camaraderie n'est pas seulement sur les lèvres, mais qu'elle est au fond des cœurs. Combien d'infortunes secrètes, également dignes de la sollicitude de tous, n'y a-t-il pas à soulager ? Combien de secours une société puissante et prospère n'est-elle pas en mesure de distribuer dans les circonstances parfois si navrantes engendrées par les mille vicissitudes de la vie militaire ? Sans mettre à nu les plaies les plus vives, il est permis de signaler l'insuffisance, hélas ! bien fréquente, des retraites, des pensions de veuves, des

secours aux orphelins, que l'Etat concède avec parcimonie. Pour le soulagement des infortunes variées, s'organisent des caisses de secours, insuffisamment alimentées
par de faibles cotisations. Au moyen d'un prélèvement
même minime sur ces bénéfices annuels, la société coopérative est capable de créer un fonds de prévoyance assez
richement doté pour secourir avec fruit les misères qui
n'épargnent pas plus le corps d'officiers que les autres
groupes de la société.

Ces considérations sommaires nous paraissent suffisantes à établir l'utilité des sociétés coopératives d'officiers.
Elles répondent à un besoin incontestable ; elles ont de
plus l'heureuse fortune de trouver dans le monde militaire un terrain favorable, un ensemble d'éléments qui
devaient, tôt ou tard, s'imposer aux hommes d'initiative.
L'armée est la plus belle école de la philanthropie, du
dévouement, de l'honneur ; elle devait aussi donner
l'exemple de la coopération, parce que celle-ci enseigne
l'amour d'autrui, qu'elle poursuit le bonheur de tous et
de chacun, fidèle à sa devise : *tous pour chacun, chacun
pour tous*, qui est l'expression de la vraie solidarité. Aussi
les partisans de la coopération ont-ils vu, avec une satisfaction enthousiaste, les différentes armées se rallier à
l'idée coopérative. Cette impression se dégage de l'article publié par la *Gazetta di Venezia* pour annoncer la formation d'une société de ce genre entre les officiers italiens.

« Nous, coopérateurs convaincus, qui attendons de la
« coopération, le bonheur à venir de l'humanité par la
« solution certaine des grands problèmes qui intéressent
« le capital et le travail, nous applaudissons de grand
« cœur au bel exemple de coopération qui part de si haut.

« L'homogénéité des membres, la communauté des

« buts, l'élévation de l'idéal, le sentiment des devoirs
« envers le prochain aussi nettement affirmé, la foi dans
« la parole donnée, l'habitude de la discipline, sont les
« premiers éléments de la coopération et rendent la
« société militaire la plus propre et la plus favorable au
« triomphe de l'idée coopérative (1). »

Les faits se sont chargés de confirmer ces prévisions ;
les sociétés coopératives militaires se sont développées
avec rapidité; elles ont eu un prompt et éclatant succès
dans les différentes armées européennes. Celles qui sont
de création toute récente, les sociétés françaises, par
exemple, ont vite triomphé des difficultés inévitables du
début; elles marchent aujourd'hui sur la route qui a
conduit leurs aînées à une merveilleuse prospérité. Il est
temps de montrer ces résultats par une revue des principales sociétés coopératives militaires.

II. — Armée anglaise.

Il appartenait à l'Angleterre, cette terre classique de
la coopération, d'appliquer la première dans l'armée le
principe assez fécond pour fournir aux officiers un supplément de bien-être sans grever leur budget d'une
charge nouvelle. L'esprit de la nation, si franchement
ouvert aux idées d'association, devait pénétrer dans l'armée, de même que celle-ci devait céder aux tendances
commerciales si nettement accusées en Angleterre.

L'*Army and Navy coopérative society* fut fondée le 15
septembre 1871 avec les caractères d'une société anonyme

1. *Revue militaire de l'Etranger*, 1890, p. 319.

à capital limité. Elle comprend des sociétaires actionnaires, officiers de l'armée ou de la marine, propriétaires d'actions ; des souscripteurs annuels (nous dirions des adhérents) appartenant ou non à l'armée et qui obtiennent, au moyen d'une cotisation annuelle, le droit de s'approvisionner dans les magasins de l'association. C'est presque l'application de la vente au public admise, en général, par les coopératives anglaises. On y rencontre encore des membres à vie, auxquels un versement unique ouvre le droit de participer aux avantages dont jouissent les actionnaires ; ils ne peuvent cependant prétendre à aucune part des bénéfices, ni concourir à l'administration de la société. Cette dernière catégorie est appelée à disparaître, la société ayant refusé l'admission de nouveaux membres à vie.

En 1889, la société comptait 16.153 actionnaires, 30.797 souscripteurs et 4.466 membres à vie (1).

Les magasins de la société occupent un vaste édifice, dont elle est propriétaire, dans l'un des plus beaux quartiers de Londres. Dans les 12 départements entre lesquels sont divisées les marchandises, ils renferment tous les articles correspondant à l'alimentation, au vêtement, à l'ameublement, à la bijouterie, à l'horlogerie, à la pharmacie, etc., etc. En dehors des travaux exécutés par de petits ateliers de préparation et de confection, les magasins sont approvisionnés par deux grands ateliers, véritables usines qui n'emploient pas moins de 2.000 ouvriers. Ces ateliers confectionnent la lingerie, fabriquent des meubles et tous autres objets en bois, des articles de voyage, de sellerie, de ferblanterie, de galvanoplastie, etc., etc.

1. *Op. cit.*, p. 486.

Les vastes magasins de l'Army and navy, dont les ressources paraissent répondre à toutes les exigences de la consommation, ont cependant semblé insuffisants. La société a jugé nécessaire d'ouvrir une succursale, que son comité directeur est chargé de diriger, mais qui conserve une certaine autonomie avec une administration et un capital distincts.

Cette succursale, qualifiée *Army and navy auxiliary*, n'est pas destinée à faire concurrence à la première institution ; elle ne peut distribuer que les marchandises qui ne se trouvent pas dans le magasin principal. En prenant le mot dans son sens le plus large, les deux établissements renferment les articles les plus variés entrant dans la consommation ; ils réunissent tous les produits imaginables : étoffes, vêtements, ameublements, parfumerie, outils et ustensiles de tous genres, bijoux, livres, charbons, comestibles, boissons, tabacs..., en un mot tout ce que l'on veut. On trouve chez eux des médicaments, des instruments de chirurgie, des équipages, des jouets, des billets de théâtre, enfin tout ce qui est nécessaire, utile ou agréable à la vie (1).

Les ventes se font au comptant et au prix de revient, majoré de 8 à 12 pour 100. Le bénéfice net varie entre 3 et 4 pour 100 ; il est partagé exclusivement entre les actionnaires au prorata du nombre des actions possédées par chacun et sans égard aux achats qu'il a pu réaliser. Un prélèvement est opéré sur les bénéfices pour constituer un fonds de réserve, destiné à parer à toutes les éventualités qui pourraient mettre en péril tout ou partie du fonds social. Le fonds de réserve fournit aussi des sub-

1. *Revue d'économie politique*, 1891, p. 152.

sibles à la caisse de retraites organisée en faveur du personnel d'exploitation. Les employés ont droit à une pension basée sur le taux des salaires, pourvu qu'ils comptent 20 ans de services et 50 ans d'âge. La caisse de prévoyance ou de pensions est alimentée, en outre, par une retenue sur les appointements du personnel et par les dons volontaires des actionnaires. La société donne ainsi une preuve de bienveillante sollicitude envers ses auxiliaires ; mais elle se conduit comme toute entreprise industrielle ou commerciale, désireuse d'appliquer et de propager les idées de prévoyance. Elle aurait dû aller plus loin et associer aux bénéfices les ouvriers de ses usines. Le sacrifice a paru trop grand sans doute à une compagnie qui n'y fait point participer les acheteurs, auxquels cependant elle est redevable de la majeure part des profits.

Bien que la vente soit opérée au plus bas prix courant, les bénéfices nets n'en atteignent pas moins un chiffre élevé : pour l'année 1892, ils représentent plus de deux millions ; le chiffre des affaires est, en moyenne, de 65 millions (1).

Le succès extraordinaire de l'Army and Navy et l'importance de ses magasins devaient, il semble, ne laisser place à aucune institution analogue. Mais en Angleterre il y a un tel engouement pour les sociétés de consommation que l'on a vu se fonder et prospérer deux sociétés rivales s'adressant à la même clientèle et poursuivant le même but. C'est bien là un trait caractéristique des idées de spéculation qui hantent tout cerveau anglais.

1. *Economiste français*, 1893, I, p. 268.

En 1879, une nouvelle société militaire, prenant pour titre *junior army and navy stores*, s'établissait, comme son aînée, dans un des plus beaux quartiers de Londres. Ses statuts diffèrent peu de ceux que nous avons résumés précédemment : ils présentent, au point de vue coopératif, les mêmes imperfections. Les magasins réunissent aussi les marchandises les plus variées ; mais l'importance des affaires est beaucoup moindre, bien que la clientèle soit presque aussi nombreuse. Les ventes atteignent aujourd'hui la somme de quinze millions, produisent un bénéfice net de 1, 26 0/0. La société compte plus de 30.000 clients composés d'actionnaires, de membres à vie et de souscripteurs annuels.

En dehors des tendances naturelles du caractère britannique qui peuvent justifier la coexistence des deux sociétés signalées, il en faut chercher la cause dans ce fait que les fondateurs des sociétés ont cédé à leurs penchants natifs vers la spéculation et se sont écartés des principes de la coopération, envisageant l'entreprise uniquement comme moyen d'assurer la vie à bon marché. Bornée à cet avantage, une société n'a que l'apparence de la coopération : c'est au fond une entreprise commerciale ordinaire.

En effet, la limitation du capital social, la répartition des bénéfices entre les seuls actionnaires, qu'ils soient ou non acheteurs, le droit de vote dans les assemblées proportionné au nombre des actions, toutes ces dispositions statutaires se conçoivent et paraissent rationnelles dans une société qui poursuit avant tout un but lucratif. Il en doit être autrement dans une société coopérative qui ne saurait s'arrêter aux avantages immédiats et dont la haute mission morale est d'écarter le désir exclusif du lucre et de propager parmi ses membres les notions d'épargne, de solidarité et de prévoyance.

La variabilité du capital social, comme nous le constaterons plus tard, est un des traits saillants des sociétés coopératives ; elle facilite l'admission de nouveaux membres et avec eux elle introduit au sein de la société des éléments qui l'empêcheront de l'écarter de son but primitif et de céder aux sollicitations de l'égoïsme trop porté à ne voir dans l'augmentation du capital qu'une réduction probable des dividendes. C'est ce même sentiment égoïste, si contraire à la notion coopérative, qui conseille d'attribuer tous les bénéfices au capital, alors que les vrais principes commandent de restituer à l'acheteur une partie du profit net qu'il a procuré à l'association. Le *boni* ainsi distribué présente pour le consommateur des avantages multiples sur lesquels il est inutile de revenir.

Les associations militaires anglaises sont arrivées à un degré surprenant de prospérité; elles procurent à leurs membres les marchandises de toute nature dont ils ont besoin aux conditions les plus satisfaisantes; témoignent à leur personnel une sollicitude éclairée. Ce sont là des résultats qui méritent de fixer l'attention. Mais quand on le met en parallèle avec ceux obtenus par les premiers propagateurs de l'idée coopérative en Angleterre, on ne peut s'empêcher de reconnaître que, pratiquée par les classes élevées, la coopération a été en quelque sorte rapetissée et abaissée au niveau d'une spéculation industrielle ou commerciale. Combien plus élevé apparaît l'idéal poursuivi par les équitables pionniers de Rochdale ! Observateurs de la pure doctrine, les officiers anglais auraient admis le partage des bénéfices entre tous les acheteurs au prorata de leurs acquisitions, ils auraient largement

doté le fonds de réserve et de prévoyance en vue des
infortunes à secourir ; ils auraient préparé l'harmonie si
désirable entre le capital et le travail en restituant aux
ouvriers de leurs manufactures une part de bénéfices pro-
portionnée aux salaires ; enfin ils auraient encouragé
l'épargne en facilitant l'accumulation des *bonis* dans la
caisse sociale. Ils ont préféré une forme bâtarde de la
coopération dont le seul avantage moral est de faire contracter l'habitude de l'achat rigoureusement au comptant.

III. — Armée allemande.

Les établissements anglais sont plutôt spéculatifs ; ils
ont plus particulièrement en vue le gain et l'intérêt. Tout
à l'opposé, l'union des officiers allemands est complètement désintéressée et son principe dominant a été puisé
dans les traditions militaires : c'est celui de la camaraderie. Sous l'influence des sentiments propres au corps
d'officiers, l'application du principe coopératif dans l'armée allemande devait aboutir à l'organisation d'une société fortement empreinte de militarisme, tandis qu'en
Angleterre, nous venons de le constater, elle s'est tra-
duite par la formation de puissants établissements de
commerce.

L'association coopérative des officiers allemands a été
fondée le 1er avril 1884. Elle a surtout pour but de fournir à ses membres les effets d'habillement et d'équipement ; elle se préoccupe avant tout de réduire les dépenses qu'occasionne l'achat de ces objets, monopolisés par
un petit groupe d'industriels qui par un crédit ruineux
savent tenir leur clientèle dans une étroite dépendance.

Cette situation de l'officier allemand vis-à-vis de ses fournisseurs est exposée en termes fort explicites dans un rapport adressé à l'empereur, le 6 novembre 1888.

« Considérant que par la faute des fournisseurs mili« taires, les uniformes, les effets et objets d'équipement
« nécessaires aux officiers ont considérablement renchéri,
« que les officiers sont d'ailleurs induits, par le système
« de crédit généralisé par ces fournisseurs, à contracter
« des dettes de plus en plus lourdes, le prix devenant
« de plus en plus exagéré, la société s'est proposé,
« comme but de ses opérations, trois objectifs :

« 1° Ramener les prix de tout ce qui est nécessaire à
« l'officier au taux le moins élevé possible, et le lui pro« curer directement à peu près au prix de revient ;

« 2° Supprimer le système de crédit dont l'usage s'était
« développé à ce point que les dettes des officiers chez
« certains grands fournisseurs atteignaient le chiffre de
« plusieurs millions ; le remplacer par le paiement au
« comptant pour habituer les membres de la société à
« baser leurs achats sur leurs ressources ;

« 3° Liquider peu à peu les dettes d'habillement de
« tous les officiers et de tous les corps d'officiers (1). »

Après avoir exposé d'une manière aussi nette le mal dont souffraient la plupart des officiers, le même rapport constate l'efficacité du remède puisé dans la pratique de la coopération.

Répondant à un besoin si urgent, la société a vite acquis un grand développement ; elle a d'ailleurs été secondée par le moyen mis en œuvre pour lui assurer, dès le début, une clientèle nombreuse, dont on a liquidé l'arriéré chez

______

1. *Revue militaire de l'étranger*, 1890, p. 609.

les fournisseurs. Les ressources financières ne lui ont pas fait défaut, grâce à la générosité de l'empereur Guillaume Ier qui aurait mis gratuitement à la disposition de l'entreprise un million de marks dont le remboursement ne devait pas être exigé. Elle a trouvé une troisième cause de succès dans les commandes qui lui ont été réservées par le ministre de la Guerre, pour toutes les fournitures d'objets militaires dont l'usage a été nouvellement introduit dans l'armée.

En 1889, la *Deutscher-offizier Verein* comptait 41.839 sociétaires, comprenant des membres à vie et des sous-cripteurs annuels.

Seuls les membres à vie ont droit de vote dans les assemblées ; ils appartiennent à l'armée de terre ou de mer, en qualité d'officiers du service actif, de la réserve ou de la landwher ; ou bien ils font partie de l'adminis-tration centrale des ministères de la guerre ou de la ma-rine. Le titre de membre à vie s'obtient par leversement une fois fait, de 10 marcks (12 fr. 50) et non par l'acqui-sition d'une ou de plusieurs actions. C'est qu'en effet le capital nécessaire au fonctionnement de l'entreprise a été constitué par un fonds de garantie à l'aide d'obligations souscrites par les sociétaires et amortissables dans un temps indéterminé.

Les souscripteurs annuels, auxquels le droit de vote est refusé, acquièrent l'accès du magasin au moyen d'une cotisation fixée à 3 marks, pour la première année, et à 2 marcks, pour les années suivantes : ils appartiennent d'ailleurs aux catégories d'officiers ou fonctionnaires mentionnées plus haut.

Les avantages de l'association sont donc exclusivement réservés aux membres de l'armée et aux fonctionnaires des administrations centrales. Cette restriction s'explique par la nature des objets fournis. On a vu que la société limite ses opérations à la vente des effets d'habillement et d'équipement, laissant de côté les produits alimentaires autres que les vins. Sans s'inquiéter des protestations peu écoutées des fournisseurs auxquels elle fait une concurrence victorieuse, la société livre ses articles à des prix beaucoup moins élevés que ceux du commerce, un peu supérieurs cependant au coût de production. Aux magasins de vente sont annexés divers ateliers qui occupent un nombreux personnel.

Les ventes se font au comptant : ce principe fléchit devant la nécessité reconnue d'ouvrir un certain crédit aux officiers qui le demandent, mais seulement pour l'achat des effets militaires. L'importance du crédit est limitée à la somme que l'officier peut amortir, en une année, au moyen d'une retenue modérée sur sa solde. Sous une autre forme, le crédit est également ouvert aux officiers et aux corps d'officiers qui peuvent faire des emprunts à la caisse sociale. Les prêts sont consentis au taux de 4 0/0 avec une durée variant de 4 à 10 ans.

Le système de vente au plus bas prix n'implique pas l'absence de tout bénéfice. Le mode de répartition des profits constitue un des traits originaux de l'association allemande. Les acheteurs ne reçoivent aucune part des dividendes ; le capital est réduit à une rémunération limitée, 5 pour 100, quelle que soit l'importance des excédents réalisés. Ce qui n'est pas absorbé par les intérêts servis au capital entre dans le fonds de réserve pour partie, le reste étant consacré à l'amortissement du fonds de garantie. Après le remboursement du capital emprunté à l'origine et la constitution de fortes réserves qui fourniront les fonds de roulement, la totalité des profits sera utilisée en œuvres de prévoyance en faveur des officiers et de leurs familles.

On chercherait en vain dans cette organisation l'application rigoureuse des théories coopératives. Le mode d'emploi des bénéfices, la vente au prix de revient avec un léger profit, l'épargne collective en vue des œuvres de camaraderie ou de fondations en faveur des officiers, tout cela n'est guère conforme aux préceptes de la doctrine coopérative. A côté des réserves et des épargnes formées dans un intérêt général, il conviendrait de faciliter les épargnes indivi luelles au moyen de la participation de tous aux profits sociaux. La société militaire allemande se contente de réduire le chiffre des dépenses ; elle ne se préoccupe pas assez de *cristalliser*, en quelque sorte, les petites économies de chaque jour. En cela, elle témoigne d'une confiance peut être exagérée envers ses membres et elle les prive en partie des bienfaits de la coopération Il n'en faut point conclure cependant que la coopération pratiquée par l'armée allemande n'a point un objectif élevé : ses œuvres de prévoyance et de secours ont leur origine dans des sentiments d'une grande et noble solidarité, d'une fraternelle union entre tous les membres de la famille militaire. Au point de vue des résultats qu'elle poursuit, elle s'élève bien au-dessus des sociétés anglaises.

IV. — Armée italienne.

L'association formée par les officiers italiens est encore plus récente que celle des officiers allemands. Ses promoteurs ont étudié sur place et en détail l'organisation des sociétés anglaises et allemandes. Dès maintenant il faut leur rendre justice et reconnaître qu'ils ont su faire un choix judicieux dans les modèles qui les ont guidés.

L'*Unione militare*, société anonyme coopérative à capital illimité, a commencé ses opérations au mois de mai 1890. Elle a été accueillie avec tant de satisfaction que plus de 12.000 officiers, sur les 16.000 que compte l'armée italienne, ont souscrit le capital de fondation. Les actions ont été libérées avec un vif empressement qui atteste le désir éprouvé par les souscripteurs de fournir sans délai à l'entreprise les capitaux dont elle avait besoin et de bénéficier promptement de tous les avantages attribués aux actionnaires. Pour jouir de ces prérogatives, il faut, en effet, avoir libéré son action au moins de moitié et s'être fait inscrire depuis trois mois.

Comme les deux associations, dont les statuts viennent d'être résumés, l'Union militaire comprend, parmi ses membres, des sociétaires actionnaires, des sociétaires bienfaiteurs et des aspirants actionnaires.

Les sociétaires bienfaiteurs ont dû verser, à fonds perdu, un certain capital pour permettre à la société de prendre une rapide extension. Toutefois, ils peuvent espérer un remboursement en actions, si la prospérité de l'entreprise répond aux prévisions des fondateurs. Dans cette remise gratuite de fonds, il y a quelque chose d'analogue à la subvention fournie par l'empereur Guillaume Ier à la *Deutscher-offizier-Verein*.

Les sociétaires bienfaiteurs participent à tous les avantages concédés aux actionnaires et même à l'administration de la société.

Les aspirants-actionnaires acquièrent ce titre par un versement unique de 10 francs, et deviennent actionnaires en laissant s'accumuler les *bonis* distribués proportionnellement aux achats. Ils restent étrangers à l'administration de la société et ne sont point admis dans les assemblées générales.

La société est une sorte d'institution militaire; elle n'est donc formée que d'éléments appartenant à l'armée et à la marine. Sous ce rapport, elle offre une ressemblance complète avec la coopérative des officiers allemands; au contraire, elle se rapproche des sociétés anglaises à peu près ouvertes à tout le monde, en pratiquant la vente au public. Tout acheteur est admis au partage des dividendes.

Comme la société allemande, l'institution italienne a reconnu la nécessité du crédit : elle comprend, à cet effet, deux sections distinctes, l'une de consommation, l'autre de crédit, dirigées par le même conseil d'administration, tout en restant indépendantes dans leurs opérations journalières. L'existence de ces deux branches distinctes a nécessité la division du capital en actions formées de deux coupures d'égale valeur, correspondant l'une à la section de crédit, l'autre à la section de consommation.

Cette dernière branche procure aux officiers tous les articles d'usage domestique, habillement, équipement, denrées, etc. La vente se fait au comptant et au plus bas prix courant. Mais la règle de l'argent comptant n'est pas inflexible : les officiers du cadre actif peuvent obtenir un crédit dont l'importance varie selon le grade de l'acheteur et sa qualité d'actionnaire ou d'aspirant actionnaire. Le payement est assuré à l'aide de retenues mensuelles sur la solde dont la quotité est en rapport avec la somme à amortir. Au montant de la somme à recouvrer s'ajoute une taxe d'intérêt mensuel qui varie selon le grade du débiteur. Cette taxe fixe, sans proportion avec le chiffre de l'emprunt, augmente les petites dettes d'un intérêt fort élevé qui oscille entre 6 et 15 francs pour 100. Ces clauses du statut social rappellent les dispositions adoptées en Allemagne relativement aux ouvertures de crédit. L'influence des idées anglaises se remarque dans le système de vente au public admis comme favorable au développement de l'entreprise et propre à vulgariser la coopération. Pour donner à ce système toute sa portée économique, les acheteurs, sociétaires ou non, participent à la distribution des excédents. C'est l'application d'un principe fondamental en matière coopérative : on a voulu montrer par là qu'il ne s'agissait pas d'une œuvre commerciale, ayant plus ou moins la spéculation pour objectif. Le prestige de l'uniforme et la considération, dont jouissent les officiers, ne sont pas amoindris, parce que l'association ouvre ses magasins au public dans l'espoir d'une prospérité plus rapide et plus certaine. On constate néanmoins avec quelque surprise la présence d'officiers en activité de service à la tête d'un établissement qui, par plusieurs côtés, ressemble à une entreprise commerciale.

Ce caractère ressort plus encore des opérations réalisées par la section de crédit. Sous ce titre fonctionne une véritable banque, ayant son siège principal à Rome et des succursales dans les villes importantes du royaume. C'est une institution de crédit pour les officiers sociétaires seulement; pour toutes autres personnes, pour le public en un mot, les opérations consistent :

1° A fournir des fonds contre dépôt de valeurs cotées ;

2º A fonctionner comme caisse d'épargne ou à rece·
voir des dépôts d'argent en compte courant ;

3º A garder et administrer des valeurs ;

4º A faire des recouvrements (1).

Les avances en argent sont entourées de sérieuses
garanties . et témoignent d'une grande prudence. La
somme remise par la banque ne peut excéder le double
du montant des actions appartenant à l'emprunteur. En
outre, ce dernier est tenu de souscrire un billet à ordre,
payable dans un délai de trois mois et avalisé par un
autre sociétaire.

Le remboursement se fait en une ou plusieurs fois,
selon que la somme est inférieure ou non à 100 francs et
la quotité de chaque versement varie avec l'importance
de cette somme. La banque consent d'ailleurs à renouve-
ler le billet à ordre pourvu que, à la première échéance,
l'emprunteur ait acquitté une fraction déterminée de sa
dette. Ce renouvellement peut être répété, aux mêmes
conditions, jusqu'à complète extinction.

Les autres opérations se font d'après les règles suivies
par les banques ordinaires, mais avec une très grande
économie dans les frais généraux. La clientèle devait être
attirée par ces avantages ; mais, ainsi que le remarque le
rapport fait à l'une des assemblées générales, une ban·
que a besoin d'établir sa solidité et d'inspirer confiance
avant de provoquer l'affluence des capitaux dans sa caisse
et de donner à ses affaires une expansion sérieuse. Aussi
le même rapport constate une grande différence entre les
résultats donnés par la section de crédit et ceux fournis
par la section de consommation. C'est qu'une banque de

---

1. *Revue militaire de l'étranger*, 1890, p. 719.

prêts en faveur des officiers ne peut prétendre à une grande prospérité, bien qu'elle tienne ses guichets ouverts au public pour certaines opérations. En entrant dans cette voie, il semble qu'une société militaire s'écarte du but normal qu'elle doit poursuivre. Qu'il soit utile parfois de consentir aux officiers des avances en argent et d'en faciliter le remboursement par petites fractions, cela n'est guère douteux. Mais pour donner satisfaction à des besoins exceptionnels et limités, est-il nécessaire d'organiser une véritable banque. Ne suffirait-il pas de rattacher ces opérations, peu importantes, à celles du magasin de consommation?

A part cette erreur, à notre sens évidente, l'Union militaire a obtenu des résultats remarquables. Pendant le premier semestre qui a suivi l'ouverture des magasins, elle a réalisé 94.000 francs de bénéfices nets qui ont permis de distribuer 4 0/0 d'intérêt aux actionnaires et de restituer aux consommateurs 3, 10 0/0 du montant de leurs achats. En même temps, le fonds de réserve a fait recette de 14,150 francs (1).

L'emploi des bénéfices atteste les saines notions économiques des fondateurs. Les statuts prescrivent la création d'un fonds de réserve auquel sont attribués 15 0/0 des profits, et l'organisation d'une caisse de prévoyance en faveur des agents de la société. Sous le nom de gratification, le personnel reçoit en réalité une quote-part des bénéfices : le conseil d'administration dispose, à cet effet, de 8 0/0 des excédents. Enfin 2 0/0 sont destinés aux études et à la propagande. Dans la section de crédit, les mêmes règles sont appliquées, avec cette différence qu'au-

1. *Op. cit.*, p. 717.

cune part n'est attribuée aux clients, civils ou militaires, de la banque.

Il nous semble convenable de faire remarquer l'affectation d'une part des profits sociaux aux études et à la propagande. Cette disposition des statuts mérite de fixer l'attention ; elle mériterait surtout d'être copiée par toutes les sociétés coopératives qui pourraient par ce moyen faire la meilleure et la plus honnête des réclames. Les fondateurs ne se sont pas arrêtés à une déclaration de principe: ils ont publié, dès le début de leur entreprise, un journal qui a pris le nom de la société et sert de bulletin officiel des actes économiques et administratifs. Cet organe renseigne les intéressés sur la situation de la société, et sur l'extension donnée aux affaires ; il traite en outre des questions d'ordre économique et social et il suit le mouvement coopératif tant en Italie qu'à l'étranger.

De la société ainsi organisée, les officiers italiens attendent les plus heureux effets ; jusqu'à présent, les résultats n'ont pas trompé leurs espérances. Dans un remarquable rapport qui a servi de base à l'institution, on estimait à plus de 20 pour cent l'économie à réaliser par les consommateurs. De plus, ils devaient, sous forme de boni, recouvrer environ 4 pour cent du montant des dépenses. Ces promesses ont été tenues en grande partie. Entre les prix demandés par le magasin coopératif et ceux exigés par les fournisseurs des principales garnisons, l'écart est sensible et justifie l'économie annoncée. La restitution d'une partie des dépenses n'a pas atteint, au début, le taux prévu par les fondateurs : elle s'est cependant élevée à 3,10 0/0 à la fin du premier exercice. Le rapport fait à l'assemblée générale le 25 mars 1891 constate la proportion élevée des frais généraux qui ne sont pas inférieurs à

17, 34 pour cent du montant des recettes ; il l'attribue aux dépenses occasionnées par le début de l'exploitation et surtout par le service des expéditions. C'est, en somme, une situation anormale qui doit s'améliorer dans un avenir prochain.

Si l'on compare maintenant l'*Unione militare* aux sociétés anglaise et allemande, on remarque dans l'organisation de la première une tendance fort nette à mettre en pratique les vrais principes de la coopération : répartition des bénéfices entre tous les acheteurs ; formation d'un fonds de réserve largement alimenté, part attribuée au personnel dans les profits sociaux et création en sa faveur de fonds de prévoyance ou de caisse de retraites ; propagande de la science économique et sociale.

Au système anglais, les fondateurs ont emprunté les règles du commerce libre, de la vente au public ; ils ont par contre et avec beaucoup de raison, écarté la limitation du capital et, dans les assemblées, la proportionnalité des voix au nombre des actions.

Comme la société allemande l'institution italienne a largement profité du patronage de l'autorité supérieure ; cet appui lui a imprimé le caractère d'une institution officielle, sinon exclusivement militaire. Cette œuvre, dont les résultats à venir peuvent être envisagés avec confiance, n'a pas encore trouvé sa voie définitive. Dans un avenir prochain, les inconvénients du crédit trop largement ouvert se seront fait sentir et ils amèneront une réaction nécessaire. En même temps les liens qui unissent les membres de la famille militaire se seront resserrés, seront devenus plus intimes par l'effet même de l'association. Les devoirs qui découlent de cette solidarité nouvelle seront mieux compris. Alors peut-être les officiers italiens complèteront leur œuvre en organisant comme l'ont fait les officiers allemands, « une prévoyante institution de confraternité, de philanthropie militaire, en faveur de leurs camarades, victimes de revers immérités ».

A part cette lacune que le temps se chargera de combler, l'Union militaire apparaît comme l'une des plus intéressantes applications des théories coopératives, avec un caractère plus pur et moins spéculatif que les compagnies anglaises.

V. — Hollande et divers Etats.

Ce n'est pas seulement en Angleterre, en Allemagne, en Italie, que l'armée a compris les avantages à retirer de ces théories. Dans toutes les armées européennes s'est manifestée, sous forme d'institutions diverses, une tendance à rendre plus économiques les conditions de l'existence, à augmenter le bien-être par l'association, et à développer le goût de l'épargne et le désir de se mettre à l'abri des coups de la fortune par la pratique de la prévoyance et de la mutualité.

Sous l'influence de ce sentiment, ont pris naissance les mess, les cercles militaires, les réunions d'officiers dont le but peut se résumer ainsi :

1° Offrir aux officiers l'occasion de resserrer les liens de la solidarité et de la camaraderie qui les unissent ;

2° Lutter contre le renchérissement de l'existence.

C'est une première étape franchie sur la route qui conduit à la coopération plus largement entendue. En se développant, l'esprit d'association ne tarde pas à faire éclore les œuvres qui s'inspirent de la mutualité. C'est ainsi que se sont fondées, en Prusse, en Bavière, en Autriche-Hongrie, en Espagne, même aux Etats-Unis, diverses institutions sous les noms de sociétés de remonte, de secours mutuels, d'assurance mutuelle. En Russie, chaque corps de troupe ou établissement militaire possède une caisse spéciale appelée fonds des officiers. Elle a pour but de consentir des prêts d'argent, à un taux relativement peu élevé, et aussi de favoriser par de faibles versements mensuels la création d'un capital, ressource précieuse quand l'officier quitte le service actif. La caisse est alimentée par une subvention de l'Etat, par des cotisations obligatoires et par des versements volontaires. Les sommes versées à la caisse sont productives d'intérêts au taux de 5 pour 100. Ce n'est pas autre chose qu'une société de crédit mutuel (1).

D'autres œuvres ont un lien plus étroit avec les sociétés de consommation.

En Hollande, l'*Eigen Hulp*, que nous avons déjà rencontrée, a fondé une division militaire qui fournit aux officiers l'habillement, l'équipement, la lingerie, la mercerie, etc. C'est une véritable société coopérative, presque indépendante, puisque l'*Eigen Hulp* n'a conservé sur elle qu'une autorité morale dénuée de sanction. Elle dispose d'un capital social qui lui appartient en propre. Ses opérations se font au comptant et au prix du commerce. Les bénéfices sont attribués aux acheteurs des effets d'habillement et d'équipement, anomalie curieuse, car il est prouvé que les autres articles sont l'occasion des profits les plus considérables. A titre de gratification, les agents reçoivent

____

1. *Op. cit.*, p. 731.

15 pour 100 des bénéfices. Enfin l'épargne est encouragée par la faculté qu'a tout sociétaire d'effectuer, à la caisse sociale, des dépôts productifs de 3 pour 100 d'intérêt par an.

On rencontre, en Suisse, une institution analogue. C'est un magasin d'uniformes auquel peuvent s'approvisionner tous les officiers et les sous-officiers ayant droit à une indemnité d'équipement ; il procure à sa clientèle une diminution de 10 pour 100 sur les prix courants des fournisseurs, tout en livrant des effets de qualité irréprochable.

En Belgique, en Danemark, en Suède, en Grèce, les mêmes tentatives ont été faites pour venir en aide au corps d'officiers. Partout on reconnaît les vices de l'organisation commerciale ; partout on vise à la suppression des intermédiaires inutiles si savamment échelonnés entre celui qui produit et celui qui consomme. L'entente des consommateurs permet de se passer de leurs services devenus trop onéreux et d'éviter les fraudes et les falsications dont ils sont coutumiers. Dans les conditions actuelles de l'existence et des échanges, elle s'impose aux différents groupes sociaux ; l'armée appelle des imitateurs.

VI. — Armée française.

Pendant que s'organisaient et prospéraient les brillantes institutions des officiers Anglais, Allemands et Italiens, en France on se contentait d'admirer les succès obtenus tout autour de nos frontières. Et pourtant nulle part, plus que dans l'armée française, les sentiments de solidarité et de fraternelle union ne sont plus vifs, plus profondément ancrés dans les cœurs. Bien des œuvres témoignent de leur ardeur féconde, et, sous des noms divers, montrent que les devoirs de la solidarité sont compris et que les avantages de la mutualité ne sont point inconnus. A côté de ces qualités généreuses se rencontre aussi une grande indifférence à l'égard des intérêts matériels, qui longtemps a éloigné les officiers des institutions capables de leur procurer un supplément de bien-être et d'atténuer les inconvénients d'une maigre solde. Tout un ensemble de circonstances a fini par triompher de leur apathie : les résultats obtenus dans les armées étrangères ; les fréquentes modifications apportées à l'uniforme, cause de dépenses fort onéreuses ; la lenteur de l'avancement qui entraine un long stage dans les grades inférieurs ; le remaniement des tarifs de solde pratiqué avec une parcimonie presque humiliante pour certains grades ; la disproportion des charges de la vie avec le taux des émoluments dans certaines garnisons où le chiffre de la population militaire excède celui de la population civile ; enfin la propagande active en faveur de la coopération entreprise par des hommes de talent et de cœur ; toutes ces causes ont combattu l'indifférence et fait naître la sympathie. L'armée s'est donc ralliée à l'idée coopérative, par besoin, plutôt qu'avec enthousiasme, et sans cet élan généreux qui est le trait propre de nos résolutions.

Un petit groupe d'hommes sincèrement dévoués, apôtres déterminés de la coopération, fournit un capital de 20,000 francs à un comité d'études qui se mit résolument à l'œuvre et sut, en quelques mois, assurer la souscription du capital initial fixé à 200,000 francs, faire approuver les statuts, en un mot donner l'existence à la société. C'est le 31 octobre 1890 que se réunit l'assemblée générale constitutive. *L'association amicale coopérative des officiers de terre et de mer* était fondée : dans les premiers jours de novembre, elle ouvrit ses magasins et commença ses opérations.

Elle comptait alors 1100 actionnaires : ce chiffre doit paraître bien faible si on le rapproche du nombre des officiers qui, en Italie, ont souscrit le capital de fondation. La France possède plus de 30.000 officiers du cadre actif, appartenant à la guerre ou à la marine ; le cadre auxiliaire n'a pas un moindre effectif : un petit nombre répondit donc à l'appel des fondateurs. Diverses causes peuvent expliquer ce résultat en apparence peu satisfaisant.

La législation en vigueur limite le capital initial à la somme de 200.000 francs et le taux de chacune des actions ne peut être inférieur à 50 francs. D'autre part, les statuts imposent aux administrateurs l'obligation de posséder au moins 20 actions ; ils prévoient aussi l'attribution de cent actions à un même sociétaire. Le chiffre restreint du capital de fondation conseillait au contraire de n'accorder qu'une action à chaque souscripteur et de multiplier ainsi les adhésions.

Le moment choisi pour faire connaître l'œuvre projetée devait aussi amener des mécomptes. Éloignés de leurs garnisons par les manœuvres annuelles, beaucoup d'officiers ont ignoré l'entreprise. Enfin l'hésitation a pu naître de la création simultanée de deux sociétés absolument analogues quant à leur but et quant à leur dénomination. Il fallait choisir entre ces deux institutions à leur début, toutes deux également dignes d'inspirer confiance par les noms respectés de leurs fondateurs. Beaucoup ont préféré les voir à l'œuvre et baser leur option sur les résultats acquis : les indifférents, toujours trop nombreux, n'avaient pas trop de peine à justifier leur abstention.

Heureusement les adhérents vinrent en plus grand nombre : à la fin de la première année, on en avait inscrit 6,670. Les affaires, très restreintes d'abord, ont suivi une marche progressive qui ne s'est pas ralentie : le chiffre des ventes atteignit, pour l'année 1891, un million et quart. Satisfaite de ce résultat dû tout entier aux efforts incessants, à la sage direction et au dévouement du conseil d'administration, l'assemblée générale lui renouvela sa confiance pour l'année 1892, qui ne devait pas être moins prospère que la précédente, puisque les difficultés inséparables des débuts étaient vaincues. Aujourd'hui le bilan de l'année 1892 nous est connu : il accuse une augmentation sérieuse des marchandises distribuées qui représentent une valeur de deux millions et demi. 1044 actionnaires nouveaux ont été admis à la suite de l'augmentation du capital social. Au 1er août 1893, les membres de l'association se répartissent ainsi :

Actionnaires. . . . 2044
Adhérents . . . . 11.398=13.442

La société n'ouvre, en principe, ses rangs qu'aux officiers du cadre actif ou auxiliaire, aux fonctionnaires des administrations centrales de la guerre, de la marine et des colonies, aux membres de l'ordre national de la légion d'honneur décorés à titre militaire. L'association rivale, qui s'est fondée en même temps que celle qui nous occupe, se montre moins exclusive, et sans doute dans l'espoir d'une clientèle plus nombreuse, accepte toutes personne appartenant ou ayant appartenu à l'armée, sans distinction de grade. C'est de la démocratie que l'on ne saurait blâmer et qui ne porte pas atteinte à la discipline militaire.

A côté des actionnaires existe une catégorie de sociétaires adhérents soumis aux mêmes conditions d'admissibilité. L'accès du magasin leur est accordé moyennant une cotisation fixe de 5 francs, une fois payée et définitivement acquise à la société (art. 10 des statuts). Cette disposition est exceptionnelle : la plupart des sociétés exigent des consommateurs adhérents un versement annuel. Le principe d'une redevance, une fois payée, a paru de nature à retenir la clientèle acquise et à recruter de nouveaux membres qui n'ont qu'un léger sacrifice à consentir au début. Mais il ne faut pas s'exagérer la valeur de cette disposition, ce qui attire vers le magasin coopératif, c'est moins la faible cotisation qui ne se renouvelle pas, que la qualité des produits et la perspective de recevoir, en fin d'exercice, une portion des bénéfices en rapport avec l'importance des achats. Or, cette dernière satisfaction n'a pas encore été donnée aux membres de l'association amicale coopérative. Le premier exercice, qui embrasse les opérations réalisées, du 1er novembre 1890 au 31 décembre 1891, a donné un excédent de recettes d'environ 2.000 fr., trop faible pour permettre d'accorder une ristourne à chaque acheteur. Au cours de l'année 1892, l'institution, dégagée des difficultés du début, pouvait entrevoir de plus brillants résultats : le bilan de ce second exercice n'autorise point encore une distribution de dividendes. On doit même remarquer que l'équilibre entre les recettes et les dépenses n'a été obtenu que grâce aux cotisations des nouveaux adhérents.

Cependant la participation des acheteurs aux profits sociaux est prévue par les statuts qui règlent l'emploi des bonis d'après les principes les plus recommandés.

Après prélèvement de la part destinée au fonds de réserve et au service de l'intérêt dû aux actionnaires, le surplus se répartit de la manière suivante :

60 0/0 aux consommateurs proportionnellement aux achats ;

20 0/0 à la constitution d'un fonds de prévoyance ;

10 0/0 au conseil d'administration ;

10 0/0 au personnel, sous le nom de gratification qu'il eût mieux valu remplacer par l'expression plus exacte de participation aux bénéfices qui correspond mieux à l'idée.

Le *boni* ne s'obtient qu'en tarifant les marchandises à des prix peu différents de ceux du commerce. Avec beaucoup de mutualistes, il faut reconnaître que c'est la seule théorie rationnelle : la vente au prix coûtant, majoré des frais généraux, est exclusive du principe d'épargne et de prévoyance. Auquel des deux systèmes le conseil d'administration a-t-il donné la préférence? A ne consulter que les résultats, on serait tenté de répondre qu'il s'est rangé au second. En réalité, c'est un système complexe qu'a suivi la Direction. Pour certains objets d'usage et pour l'alimentation, la société a créé un entrepôt et des magasins d'où elle distribue elle-même les marchandises achetées par ses soins : elle les cède à des prix semblables à ceux du commerce de détail et trouve, dans ce genre d'opérations, la source de ses plus gros profits. Elle a également recours au système des remises ou ventes indirectes pour la boucherie, la boulangerie, le chauffage, etc. Les inconvénients en ont été signalés dans cette étude : la société les a ressentis et s'est vue fréquemment contrainte de changer ses fournisseurs.

Les vêtements d'uniforme, les objets d'équipement, d'armement et de harnachement constituent l'une des branches les plus importantes de l'entreprise. Au lieu de créer des ateliers, la société a préféré traiter avec une grande maison de Paris qui exécute toutes les commandes.

Cette méthode témoigne d'une grande prudence de la part des organisateurs ; elle était d'ailleurs presque imposée par l'insuffisance du capital initial. Mais bientôt les ressources seront mieux en rapport avec l'extension des services et permettront de renoncer aux intermédiaires. L'entreprise doit faire ses affaires elle-même, acheter ses matières premières aux conditions les plus avantageuses et en assurer la transformation dans ses ateliers. Pour l'aider dans cette voie nouvelle, les éléments utiles ne lui feront pas défaut si elle prend la peine de les rechercher. L'armée est en effet pourvue d'un personnel administratif que l'on a tenu jusqu'à présent à l'écart de la gestion. Il paraît cependant logique d'utiliser ses connaissances professionnelles, en lui confiant la direction des services qui rentrent dans sa spécialité. Ce personnel est en mesure d'apporter un précieux concours, non-seulement à Paris, mais plus encore peut-être dans les succursales qui ne tarderont pas à se multiplier. Car si l'on veut que l'institution atteigne son but et qu'elle rallie autour d'elle, sinon la totalité, du moins le plus grand nombre des officiers, il est indispensable qu'elle organise des annexes dans les principaux centres militaires. Plusieurs garnisons ont enregistré comme un véritable bienfait la création d'une succursale : de ce nombre sont Belfort, Toulouse, Saint Maixent, Nancy, Grenoble ; dans un avenir prochain, Toulon aura la même faveur.

Celte expansion progressive de la société amicale en province devait inquiéter les commerçants qui considèrent la clientèle des officiers comme une abondante source de revenus. Aussi les protestations n'ont pas manqué. Le conseil municipal de Toulouse, entr'autres, s'est fait l'écho des plaintes de commerce et n'a pas craint de demander au ministre de la guerre la fermeture du magasin coopératif qui venait de s'ouvrir. Les mêmes doléances se sont manifestées à Nancy, à Belfort et même à Paris, où M. Georges Berry, conseiller municipal, sollicite un arrêt de mort contre toutes les sociétés coopératives et les Economats auxquels il joindrait volontiers le laboratoire municipal. Le chef de l'armée s'est contenté de répondre que les officiérs paraissent, « au même titre que les autres personnes, appelées à « bénéficier du groupement de leurs intérêts, et que dès « lors il n'y a pas lieu de leur en faire interdiction » (Circ. minist., 28 mai 1892). L'hostilité du commerce a plus d'une fois servi la cause de la coopération en multipliant les adhésions. Puissent les attaques dirigées contre l'association militaire lui gagner de nouvelles sympathies et en faire apprécier davantage l'utilité !

C'est en quelque sorte un axiome que toute société fondée sur le principe de la coopération a besoin pour vivre et produire un effet vraiment utile de ne vendre qu'au comptant. Quand il s'agit d'institutions militaires, on serait tenté de renverser l'axiome et de considérer la vente à crédit comme une nécessité impérieuse. Ce besoin général de crédit, nous l'avons rencontré en Allemagne, en Italie, en Hollande, en Russie ; nous le trouvons également en France. Tout a progressé, a-t-on dit, dans l'armée française, excepté la solde. Aussi, malgré les puissantes considérations qui militent en faveur de la vente contre argent, l'association amicale des officiers a jugé utile d'apporter quelques restrictions au principe du payement au comptant. Elle a décidé que, pour tous les objets nécessaires à l'accomplissement de leurs obligations professionnelles, les officiers de l'armée active auraient la faculté de se libérer par payements mensuels, en souscrivant un abonnement. Le montant des avances n'est pas fixé proportionnellement à la solde comme dans certaines sociétés étrangères ; mais le conseil d'administration, libre d'accorder ou de refuser les abonnements, est juge aussi de l'étendue des crédits à ouvrir. Les garanties toutes spéciales offertes par les acheteurs à terme expliquent, si elles ne la justifient pas entièrement, cette tradition des sociétés militaires. « Le crédit s'alimente à la source de l'honneur, et l'honneur est précisément le principe et le propre du corps d'officiers (1). »

Comme leurs camarades des armées étrangères, les officiers français ont donc admis un mode de payement qui se plie à toutes les exigences ; ils ont été mieux inspirés en proscrivant, dans leurs statuts, la vente au public et en déclarant que « toute idée de lucre, de trafic et de spé-« culation » est étrangère à l'œuvre qu'ils ont fondée. Pour grandir et prospérer, l'institution n'a pas besoin de chercher une clientèle, en dehors de l'armée, il lui suffit de rallier autour d'elle tous ceux qui, aux termes des statuts, doivent lui apporter leur concours ; en conservant son vrai caractère, elle peut envisager un aussi brillant avenir que les sociétés étrangères, sans encourir

1. *Revue militaire de l'Étranger.* 1890, p. 197.

comme elles, le reproche de spéculation et de visées commerciales.

Une disposition fondamentale des statuts constitue une
autre infraction à la pure doctrine; il s'agit du droit de
vote dans les assemblées proportionné au nombre des
actions possédées par le sociétaire. Que ce principe s'impose dans les sociétés de capitaux où chacun doit avoir
une part d'influence en rapport avec l'importance de son
i..térêt, personne ne songe à le contester; mais il en va
tout autrement dans les sociétés coopératives qui doivent
maintenir l'égalité entre les sociétaires, parce qu'il faut
prendre en considération les personnes beaucoup plus que
l'apport, en général modique, qu'elles ont fait à la compagnie. Dans une société de consommation bien adminis-
trée, s'écartant peu des règles essentielles, les risques
courus par le capital social sont fort limités; le droit de
vote égal pour tous les actionnaires n'est point de nature
à le mettre en péril, il ne présente donc aucun inconvénient, tout en ayant le mérite de faire ressortir l'union
intime de tous les membres. Dans une association d'officiers, il n'y avait pas lieu de se départir d'une règle généralement respectée par les coopérateurs.

A cette question se rattache la limitation du nombre
des actions qui peuvent appartenir à un même sociétaire:
toute personne réunissant les conditions requises par les
statuts doit pouvoir acquérir la qualité d'associé, principe
fort sage qui assure une plus grande diffusion des actions.
Pourquoi l'a-t-on en partie méconnu, en fixant le maximum d'abord à 20, puis à 50 actions? On a mis en doute
la valeur du principe; on l'a même présenté comme dangereux au début, alléguant qu'il peut compromettre la
réussite d'une émission et arrêter le développement de

l'association. Si elles étaient fondées, ces craintes prouveraient un manque de confiance dans l'entreprise de la part des adhérents.

C'est, en effet, parmi eux que doivent se recruter les nouveaux actionnaires ; dans un stage préliminaire, on les a mis à même d'apprécier les avantages de l'œuvre et de réunir le petit capital correspondant au prix d'une action. La société coopérative des employés civils de l'État, qui offre beaucoup d'analogie avec l'association des officiers, a mieux compris le rôle de l'adhérent et le concours effectif que l'on peut exiger de lui. Elle ne permet à aucun actionnaire de posséder plus de 10 actions : en cas d'accroissement du capital, les nouvelles actions sont attribuées, par unité, d'abord aux souscripteurs étrangers à la société, ensuite, d'office, par ordre d'ancienneté aux membres adhérents. Ceux-ci sont libres de refuser l'action inscrite à leur compte ; mais ce refus entraîne leur exclusion. Ces incidents seront toujours rares quand les administrateurs, rejetant la vente au prix de revient, auront conduit les affaires avec assez de prudence et de succès pour remettre, chaque année, aux acheteurs, le montant total ou partiel d'une action, sous forme de dividende. Ce résultat est poursuivi par la société des employés civils, puisqu'elle restitue aux consommateurs 4 à 5 pour 100 du montant de leurs achats : il explique en même temps l'écart beaucoup moins sensible entre le nombre des actionnaires et celui des adhérents. L'association des officiers compte, avons-nous dit, précédemment :

Actionnaires. . .	2.044	13.442
Adhérents. . . .	11.398	

La société de consommation des employés civils comprend :

Actionnaires.	. .	6750	} 9.266
Adhérents.	. . .	2516	

Le capital étant le même dans les deux sociétés, on voit que, dans la seconde, les actions ont été accessibles au plus grand nombre. La diffusion en a été facilitée par la limite d'acquisition inscrite dans les statuts et par la participation non pas théorique, mais effective aux profits sociaux. Les mêmes dispositions prises par la coopérative militaire auraient sans doute donné les mêmes résultats.

En somme, les fondateurs ont réussi à faire pénétrer dans l'armée l'idée coopérative et à prouver qu'elle était applicable et féconde. Si, comme nous le souhaitons, l'œuvre grandit et prospère, elle devra élargir son programme, modifier quelques règles statuaires qui ne sont pas en harmonie avec la doctrine, et, après avoir gagné la confiance de ses membres devenus de plus en plus nombreux, il lui faudra aborder les institutions de secours et de prévoyance. C'est en entrant dans cette voie que l'œuvre manifestera toute sa grandeur et fera sentir sa bienfaisante influence. Un comité de patronage, formé de maîtres éminents dans l'art de la coopération, l'a guidée à travers les nombreux obstacles de la première heure ; il ne lui marchandera dans l'avenir ni ses sympathies, ni ses conseils éclairés, ni son appui moral ; il lui rappellera le but élevé qu'elle doit poursuivre avec persévérance.

VII

Les institutions dont nous venons d'esquisser le fonctionnement ont pris à tâche d'améliorer le sort des offi-

ciers et de leurs familles, laissant en dehors de leur action
les intérêts des sous-officiers et des soldats. Entrée la
dernière dans le mouvement coopératif, l'armée française
peut revendiquer l'honneur de la première tentative en
vue d'en étendre les bienfaits à tous ses membres, sans
distinction de grade; il s'agit des boucheries militaires.

Tous les coopérateurs savent que l'organisation d'un
service de boucherie se heurte à de grosses difficultés,
surtout en raison des connaissances techniques qu'il exige.
Au dire de beaucoup d'économistes, les sociétés de consommation vont au-devant d'un échec presque certain
quand elles abordent la distribution d'une denrée aussi
délicate que la viande. Dans un petit ouvrage ayant pour
titre : *Illusions coopératives*, M. Cernuschi raconte l'insuccès d'une boucherie coopérative qu'il essaya de créer
à Paris, et il en arrive à conclure, non pas que toutes les
tentatives de ce genre auront le même sort, mais que l'i-
dée coopérative est une chimère. Les faits se sont heureusement chargés de démentir la conclusion du savant écrivain. Il est hors de doute aujourd'hui que l'idée coopérative peut-être appliquée dans toutes les branches de l'alimentation. Parmi les expériences à la fois les plus récen-
tes et les plus curieuses dans cette voie, il convient de
citer le système inauguré à Toul pour procurer aux troupes la viande fraîche dans les meilleures conditions de
qualité et de prix. Ce procédé nouveau, mis en œuvre
pour la première fois au début de l'année 1891, a le très
grand mérite d'assurer à nos soldats une nourriture pro-
portionnée aux efforts de plus en plus pénibles que l'on
exige d'eux et qui sont la conséquence inévitable de la
réduction dans la durée du service militaire ; il constitue
en même temps la solution la plus simple et la plus pra-

tique des difficultés sérieuses que rencontre toute coopérative d'officiers, soucieuse d'accorder à ses membres,
malgré leur nombre restreint dans chaque garnison, le
bénéfice d'une boucherie livrant, sans exagération de prix,
une viande de bonne qualité. On peut même poser comme
un principe désormais incontestable que nulle autre
société de consommation n'a plus de chance de succès
dans cette voie semée d'écueils.

Pour s'en convaincre et apercevoir la raison d'être de
la méthode inaugurée à Toul, il faut savoir comment
l'administration militaire pourvoit à l'alimentation des
troupes. Un procédé logique et simple consisterait à
déterminer la quantité et le prix d'aliments de bonne
qualité nécessaires pour la nourriture d'hommes jeunes
et vigoureux, soumis à une dépense considérable de forces physiques. Les corps de troupes recevraient, soit les
provisions journalières en nature, soit une allocation en
deniers équivalente à la dépense. Depuis bien longtemps
ces deux systèmes ont été combinés : les troupes perçoi-
vent donc à la fois des prestations en nature et des indem-
nités représentatives de vivres ; à l'aide de ces dernières,
elles achètent le complément de nourriture et notamment
la viande.

L'idée fondamentale de ce système a été de permettre
à un même fournisseur de servir, d'une part la population civile à laquelle il réserve, moyennant un prix plus
élevé, les morceaux de choix, et, d'autre part, la troupe
en lui faisant consommer des morceaux de même qualité,
provenant des mêmes bêtes, mais moins recherchés.
Cette combinaison implique le concours de plusieurs
fournisseurs pour l'ensemble de la garnison et en même
temps l'égalité entre le prix de la denrée et le montant

de l'allocation en deniers qui sert à l'acquérir. Or, tandis que, pour divers motifs, le prix de la viande augmentait d'une façon continue, le taux de l'indemnité représentative demeurait stationnaire et parfois subissait une réduction, par suite des nécessités budgétaires. L'administration militaire est ainsi appelée à résoudre un problème réellement insoluble : acheter de la bonne viande et la payer comme denrée de qualité inférieure. Si le fournisseur s'accommode d'un prix en apparence insuffisant, c'est qu'il compte bien employer tous les moyens pour ne donner que de la viande de basse qualité. Souvent aussi ses prétentions sont en raison inverse de la qualité des produits. Pourquoi, dans ces conditions, s'obstiner à subir les exigences des intermédiaires ? Pourquoi ne pas autoriser les corps de troupe à s'adresser directement au producteur ? L'initiative d'une réforme aussi logique a été prise par l'un des chefs les plus estimés de notre armée et les plus soucieux du bien-être matériel des soldats.

Le chiffre de la population militaire à Toul rendait illusoire la concurrence entre les bouchers de la ville. Dans leur âpre désir de gain, ils élevaient des prétentions inacceptables. Pour sortir de ces difficultés et concilier la santé de nos soldats avec les exigences budgétaires, l'autorité militaire supérieure autorisa la création d'une boucherie de garnison. Le succès de toute entreprise de ce genre dépend avant tout de l'habileté déployée par les acheteurs. L'acquisition du bétail sur pied exige, en effet, des connaissances spéciales, que ne possèdent point d'ordinaire ceux qui organisent les sociétés de consommation. Ici l'obstacle n'existe pas : le personnel du service des subsistances, éclairé dans sa tâche délicate par les vétérinaires de l'armée, est en mesure de réunir les ressources utiles sans se laisser tromper sur la qualité et la valeur de la marchandise. En étendant son rayon d'approvisionnement et en constituant une réserve pour parer à toute éventualité, la commission d'achat est parvenue à déjouer les coalitions qui avaient pour objectif, soit de hausser les prix, soit de diminuer l'apport du bétail sur le marché de Toul et des localités voisines. Si l'expérience entreprise donnait des résultats satisfaisants, il était à prévoir que la méthode serait généralisée et qu'elle mettrait fin aux agissements de ces peu scrupuleux industriels qui n'hésitent pas à mettre en consommation des viandes malsaines. De récents procès correctionnels ont révélé les dangers auxquels ils exposent les consommateurs. Il importait donc aux pourvoyeurs habituels de cette viande défectueuse, que l'on appelle *viande à soldat*, d'entraver le fonctionnement de la noùvelle institution et de la conduire à un échec qui fût une garantie pour l'avenir. Contre cette coalition probable, le comité d'achat devait se mettre en garde et le meilleur moyen consistait à rechercher le bétail non-seulement à Toul, mais dans les départements limitrophes et jusqu'à la Villette où les arrivages sont toujours abondants. Une avance en bêtes sur pied complétait ces mesures de précaution ; elle offrait l'avantage de ne point restreindre les achats dans la proportion des besoins journaliers, condition nécessaire pour réagir contre les variations trop brusques des cours. Ni les connaissances professionnelles chez les acheteurs, ni les moyens de lutter contre l'élévation factice des prix ne faisaient défaut à l'institution naissante : c'étaient là de sérieux éléments de réussite.

Mais le succès d'une boucherie ne dépend pas seulement de la formation des approvisionnements par des administrateurs expérimentés ; il est encore lié à un débit normal et suffisant des viandes abattues, par conséquent à l'existence d'une clientèle assez nombreuse. A ce point de vue toutes les conditions désirables se trouvent réunies : l'importance et la variété des consommations sont d'une facile prévision, comme il est aisé de maintenir l'équilibre entre les ressources à préparer et les besoins à satisfaire.

Aussi l'entreprise a-t-elle pleinement réussi. Avec une allocation qui fait ressortir le prix du kilogramme de viande à 1 fr. 233, les troupes stationnées à Toul ont consommé une denrée saine, de bonne qualité, alors que d'autres garnisons, payant plus cher, ont été souvent approvisionnées avec du bétail si peu propre à l'alimentation que certains convois ont été expédiés clandestinement de la Villette, afin de tromper la surveillance de ceux qui avaient pris à cœur d'empêcher ce trafic malhonnête. En visitant les abattoirs de la Villette, nous avons eu plusieurs fois l'occasion de voir de ces animaux épuisés par l'âge ou la maladie et d'une maigreur extrême que des fournisseurs sans conscience et sans pudeur destinaient à l'alimentation de l'armée. La viande qui provient de tels animaux n'est composée que de fibres coriaces et de tendons rebelles à la mastication la plus courageuse. Grâce au nouveau mode d'approvisionnement, le soldat ne mange plus à Toul que de la viande absolument saine et variée ; car à son ordinaire figure alternativement le bœuf, le veau, le mouton, etc., (1).

1. *Revue de l'Intendance militaire*, 1892.

Mais le système des boucheries militaires ne donnera tous les résultats espérés qu'autant que l'on reconnaîtra aux officiers et à leurs familles le droit de participer aux distributions. Comme la troupe les officiers ont à souffrir des exigences des bouchers et ils sont trop peu nombreux sur un même point pour faire prospérer une institution réduite à leur clientèle. Là est le vrai moyen de leur venir en aide et de leur accorder d'une manière indirecte les avantages d'une boucherie coopérative. La clientèle des familles d'officiers permet d'établir une série de prix en rapport avec la valeur de la marchandise livrée, tout en restant beaucoup au-dessous des tarifs du commerce de détail. Cette combinaison devient pour les officiers la source d'économies importantes et, pour la boucherie, l'occasion d'améliorer sa situation financière. Le bénéfice des ventes revient tout entier à l'institution, ce qui lui permet de faire des achats de plus en plus satisfaisants, sans mettre en déficit l'étroit budget des ordinaires.

Les organisateurs ont aperçu ce côté pratique et ils n'ont pas manqué de solliciter des clients qui d'ailleurs ne demandaient qu'à venir. Payant la viande plus cher que la troupe, les ménages, petits et grands, ont procuré 16.000 fr. de bénéfices la première année, tout en profitant d'une réduction de prix fort sensible ; c'est dire que tout le monde y a trouvé son compte.

Après une expérience aussi démonstrative, il était permis de croire que l'exemple serait suivi dans les autres places et que cette méthode, vraiment coopérative, serait généralisée dans l'intérêt de la santé des soldats et dans un but économique pour l'Etat, puisque la garnison de Toul, en vivant mieux, a épargné 150.000 fr. sur l'indemnité représentative qu'il eût fallu lui allouer avec le système ancien. Mais les considérations électorales ont été plus puissantes et l'on n'a pas eu le courage de résister aux réclamations du commerce de détail. Il s'est rencontré à la Chambre un député qui a consenti à se faire l'interprète de plaintes trop intéressées et qui n'a même pas hésité à demander au gouvernement l'assurance qu'il serait mis fin au système des boucheries militaires (Séance du 23 janvier 1893). La supériorité incontestable de l'approvisionnement direct et les résultats probants de l'expérience faite à Toul obligent l'administration centrale à maintenir l'institution et à favoriser dans toutes les garnisons la même tentative d'indépendance. La méthode doit être généralisée parce qu'elle contribue au bien-être de tous les membres de l'armée sans accroître les charges de l'Etat, et plus encore parce que ses conséquences influent sur les conditions de la défense nationale.

CHAPITRE III

RÉGIME LÉGAL DES SOCIÉTÉS DE CONSOMMATION.

L'histoire et le tableau du mouvement que nous venons
d'exposer, exigent, comme complément, une étude de
la législation appliquée aux sociétés coopératives. On a
souvent écrit que cette forme nouvelle d'association avait
été gênée dans son développement normal par les obstacles d'une législation hostile ou peu bienveillante. Ce grief
est plus spécialement articulé contre la loi du 24 juillet
1867, qui fera l'objet de ce chapitre. Car le législateur de
1804 ne pouvait ni prévoir l'éclosion de l'idée coopérative, ni poser, dans son œuvre, les principes favorables
à sa réalisation.

Le code de commerce, lui aussi, a été promulgué à une
époque où l'association, pratiquée sur une petite échelle,
ne laissait guère soupçonner les progrès merveilleux accomplis dans cette voie depuis un demi-siècle. Les lo's
qui l'ont complété plus tard pour le mettre en harmonie
avec les tendances nouvelles de l'industrie et du commerce, n'étaient pas appropriées aux groupements coopératifs qui nous occupent. Aussi quand la semence coopérative a germé sur notre sol, elle n'a trouvé ni dans la
législation civile, ni dans la législation commerciale, la
sève vivifiante, nécessaire à son développement.

En effet, les sociétés coopératives de consommation sont des réunions de personnes qui font des achats collectifs pour arriver, en profitant du *gros*, à réaliser une économie, source de bien-être, moyen d'épargne ou de prévoyance, selon le système qui prévaut dans la distribution des marchandises. Cet acte n'a rien de commercial : ce n'est point un achat opéré en vue de la revente avec bénéfice (art. 632. C. Com.). Il est donc régi par les dispositions de la loi civile, en même temps que la société formée en vue de l'accomplir ; mais la loi civile présente de graves inconvénients, parce qu'elle déclare chaque associé personnellement responsable des engagements de la société et que d'autre part l'union des consommateurs ne constitue pas une personne morale. Or, cette dernière disposition entraîne de fâcheuses conséquences. Ainsi, pour n'en citer qu'une, le concours de tous les associés devient nécessaire pour ester en justice ; il occasionne d'énormes frais et crée des difficultés presque insurmontables.

De son côté, la législation commerciale a longtemps manqué de souplesse, malgré la variété des types entre lesquels le choix pouvait s'exercer. La société en nom collectif, par exemple, aggrave la responsabilité personnelle en y ajoutant la solidarité ; la commandite n'est guère plus favorable ; restait la société anonyme qui semblait la forme la mieux en rapport avec le caractère des associations coopératives, marquées surtout par la mobilité de leur personnel. Mais avec de modiques apports, il n'était pas commode de fractionner le capital en actions de 500 francs, dont un quart devait être versé immédiatement. A cette obligation déjà bien difficile à remplir s'ajoutent les charges de la publicité d'autant plus lourdes

que les mutations dans les groupes sont plus fréquentes.
Tels ont été, jusqu'en 1867, les embarras d'ordre législatif dont se plaignaient les sociétés coopératives françaises. Avant cette date, l'Angleterre avait jugé utile d'ac-
commoder sa législation aux besoins nouveaux. Une loi
spéciale aux sociétés coopératives fut votée en 1852 avec
le titre de loi sur les sociétés d'industrie et de prévoyance
(*Industrial and provident societies*) ; remaniée en 1876,
elle est encore en vigueur.

En France, le chapitre III de la loi du 24 juillet 1867
a été rédigé à l'intention des sociétés coopératives dési-
gnées sous le nom de *sociétés à capital variable*. La loi
a-t-elle fait tout ce qu'elle aurait pu faire, c'est ce que
nous rechercherons en examinant les articles de ce chapitre et les réformes demandées au Parlement.

La variabilité du personnel et du capital est un des
caractères les plus généraux des associations coopératives. On la retrouve dans beaucoup de lois étrangères,
notamment en Allemagne (L. 1er mai 1889, art. 63), en
Belgique (L. 18 mai 1873, art. 85) ; en Italie (C. com.,
art. 219). C'est à ce trait si commun que s'est arrêté le
législateur de 1867, écartant, par crainte d'un pléonasme,
la dénomination usuelle de sociétés coopératives. On lui
reproche volontiers sa terminologie un peu bizarre et
l'on prétend y découvrir un sentiment de défiance à
l'égard de la coopération, considérée autrefois comme
une manifestation dangereuse du socialisme. Dans le
rapport fait au Sénat sur le projet de loi réglant à nouveau la situation de nos sociétés, l'honorable M. Lour-
ties réédite ce grief : « On eut d'ailleurs bien soin,
« écrit-il, tant était grande la défiance du gouvernement,
« de ne pas mettre dans le texte le mot de sociétés coo-

« pératives. » Ce reproche n'est pas mérité : ce n'est pas la peur du mot qui a fait choisir le nom de sociétés à capital variable, mais plutôt le désir de déférer aux vœux des coopérateurs. Le gouvernement impérial avait fait préparer un projet de loi sur les « sociétés de coopération », assez mal accueilli par les sociétés existantes. Elles ne voulaient pas d'une loi qui leur fût propre et réclamaient l'application du droit commun, avec quelques réformes de la législation ordinaire (1). Le projet de loi spéciale fut donc retiré et l'on se contenta d'introduire, dans la loi générale sur les sociétés, certaines dispositions en faveur des institutions coopératives. Nous avons tenu à rappeler ce désir ancien des coopérateurs, réclamant le droit commun, parce qu'à l'heure actuelle se manifestent des aspirations en sens opposé, plus nuisibles qu'utiles aux intérêts coopératifs.

Le législateur de 1867 n'a point créé un type spécial, une espèce particulière d'association, comme on l'a fait plus tard dans certains pays; il n'a pas construit un moule dans lequel doivent nécessairement être coulées les institutions qui se fondent d'après les principes de la coopération. Il a simplement offert aux sociétés certaines commodités qu'elles ont le droit d'accepter ou de repousser; il a simplement tracé des règles facultatives. Comme auparavant, les sociétés sont libres d'élaborer leurs statuts en prenant pour base les règles tracées par le Code civil; elles peuvent de même choisir entre les diverses formes organisées par la loi commerciale. En un mot, les sociétés à capital variable ne sont qu'une moda-

---

1. Hubert Valleroux. *Les diverses législations de l'Europe concernant les sociétés coopératives*, p. 7.

lité des sociétés établies par le droit commun : ce sont avant tout des sociétés en nom collectif, en commandite, ou anonymes. Le projet de loi soumis aux Chambres impose au contraire l'observation de certaines règles et en fait la condition des faveurs accordées à ceux qui les observent.

En fait, la plupart des sociétés existantes ont accepté le régime de la loi de 1867 avec l'anonymat. Mais la forme sous laquelle elles se constituent n'en altère pas le caractère quant au fond, c'est-à-dire que les sociétés coopératives rentrent nécessairement dans le groupe des sociétés civiles ou dans la catégorie des sociétés commerciales. Or, pour déterminer le caractère civil ou commercial d'une entreprise, ce n'est point son mode d'organisation qu'il faut considérer, mais bien son objet, son but, la nature de ses opérations. Il est vrai qu'aujourd'hui se manifeste une tendance à faire prédominer la forme sur le fond : l'usage d'un type de société en modifierait le caractère. Parmi les modifications apportées tout récemment à la loi de 1867 (L. du 1er août 1893) figure un article important (art. 68) aux termes duquel les sociétés par actions, quel qu'en soit l'objet, sont commerciales et soumises aux lois et usages du commerce. C'est le système admis par la législation allemande et appliqué même aux sociétés coopératives (L. du 1er mai 1889, art. 17). Cette innovation, qui supprime des discussions souvent trop subtiles sur les traits distinctifs des sociétés civiles ou commerciales, a rencontré une vive résistance. Les opposants repoussent, au nom des sociétés civiles, l'obligation de tenir des livres, la juridiction commerciale et surtout la procédure de la faillite. Ces conséquences ne nous semblent pas si redoutables ; elles présentent, suivant nous, plus d'avantages qu'elles n'entraînent d'inconvénients. Nous n'apercevons même pas l'intérêt que pourraient avoir les sociétés de consommation à se tenir en dehors de ce nouveau principe de droit; car, pour elles, la juridiction commerciale se justifie par la nature de leurs opérations journalières, et, en cas de revers, la procédure de la faillite fait régner entre les créanciers la loi équitable de l'égalité. Cependant la loi du 1er août 1893 ne concerne pas nos sociétés: cela a été formellement reconnu au cours de la discussion devant le Sénat et la Chambre ne l'a pas contesté. La question de savoir si elles sont civiles ou commerciales présente donc toujours le même intérêt; elle n'a pas été résolue par le texte ajouté à la loi du 24 juillet 1867.

Ceux qui ne s'arrêtent pas à l'étiquette et vont au fond des choses, recherchent le vrai caractère d'une société dans la nature des actes qu'elle fait habituellement. Pour eux, la société de consommation est civile quand elle achète les denrées et marchandises, nécessaires à l'alimentation et à l'économie domestique, pour les distribuer exclusivement à ses membres; elle devient commerciale quand sa clientèle comprend des personnes étrangères à l'association; car ses opérations présentent les caractères de commercialité prévus par les articles 1 et 632 du Code de commerce. La jurisprudence a eu plusieurs fois à se prononcer sur cette grave question et ne l'a pas toujours résolue d'une façon satisfaisante. Un arrêt de la Cour de Bourges du 19 janvier 1869 (1) a fait application de ces idées simples en déclarant que les sociétés coopératives de consommation ont un caractère purement

1. Sirey, 1869, II, 323.

civil lorsqu'elles se bornent à acheter des denrées pour les livrer aux associés, soit en nature, soit en produits fabriqués, une pareille livraison ne pouvant être assimilée à une revente. D'autres arrêts, rendus dans le même sens, paraissent tenir compte du faible écart entre le prix d'achat et le prix de vente. Qu'importe cette différence plus ou moins grande, pourvu que les bénéfices soient répartis au prorata de l'importance des ventes faites à chaque sociétaire? Le but lucratif de l'acte commercial n'apparaît pas dans une telle entreprise. Comment donc expliquer les décisions en sens contraire de la Cour de Paris, contenues dans ses arrêts des 5 juin 1880 et 17 novembre 1887 (1)? Peut-on admettre l'étrange théorie développée à la Chambre des Députés d'après laquelle le caractère commercial résulterait de l'importance des affaires. « Vous avez beau vouloir, a-t-on dit, essayer d'enle-
« ver le caractère commercial à des sociétés coopérati-
« ves qui font annuellement pour plusieurs millions d'af-
« faires, comme celle des officiers de terre et de mer,
« comme la Moissonneuse, comme la société du XVIII⁰
« arrondissement, par la force des choses, ces sociétés
« deviennent des sociétés commerciales; elles font acte
« de commerce, parce qu'on ne peut se livrer à de gran-
« des opérations autrement qu'en suivant les usages, les
« habitudes du commerce » (2). Raisonner de la sorte, n'est-ce pas méconnaître le principe admis par le législateur de 1808 dans l'article 632-1°? L'idée de spéculation, de lucre, se rencontre-t-elle dans l'institution coopérative dont le but est d'assurer à ses membres la satisfaction des besoins matériels au plus bas prix possible.

1. *Journal des sociétés*, 1881, p. 10.
2. Ch. des Députés, 28 avril 1893, p. 1236.

Le véritable motif qui incite à imprimer aux sociétés coopératives le caractère commercial a pour cause les plaintes incessantes du commerce de détail. C'est la raison sans cesse invoquée dans les débats sur ce sujet ; les défenseurs des détaillants parlent volontiers de concurrence déloyale et tous leurs efforts tendent à grever nos sociétés des charges fiscales imposées aux commerçants et, en particulier, de la patente. Leur prétention est-elle justifiée ?

A maintes reprises, le Conseil d'Etat a été saisi de demandes en décharge présentées par des sociétés coopératives assujetties à la patente. La plupart des arrêts ont consacré, en termes fort explicites, le bénéfice de l'exemption au profit des sociétés qui ne vendent pas au public (1). Devant cette jurisprudence qui paraît bien établie, l'opposition n'a pas désarmé. Naguère, en révisant la loi sur les patentes, la Chambre des Députés a été sur le point de lui donner gain de cause ; elle s'est arrêtée devant les énergiques protestations dont le comité central coopératif s'est fait l'interprète.

Etendre la patente commerciale aux sociétés dont les opérations sont purement civiles, n'est-ce pas violer un principe fondamental de notre droit financier ? En créant l'impôt de la patente, le législateur a voulu atteindre le commerçant, c'est-à-dire l'intermédiaire qui spécule sur la revente au public de marchandises achetées avec espoir de gain. Quand des consommateurs s'unissent pour effectuer leurs achats en commun, ils n'obéissent pas à une pensée de spéculation et de lucre. On ne saurait donc voir l'exercice d'un commerce dans l'entente habituelle

1. Dalloz, 1877, 3, 12, 100 et 101-1878, 310,

de quelques personnes en vue de se procurer, aux conditions les plus satisfaisantes, et de se partager ensuite les approvisionnements dont elles ont besoin.

Cela est permis, dit-on, à quelques chefs de famille. Mais l'association revêt une apparence commerciale quand elle ne se borne plus à acheter en quelque sorte au jour le jour quand elle crée des ressources par avance et les tient à la disposition des consommateurs : l'existence d'un magasin rempli de marchandises et ouvert en permanence aux associés transformerait ainsi une société civile en société commerciale. Il est facile de répondre que ce qui est permis à dix ou vingt consommateurs demeure licite à cent, mille, dix mille. Il faut rechercher la réalité au lieu de s'en tenir à de simples apparences : c'est à la réalité seule que la loi s'applique. Les raisons invoquées pour soumettre les sociétés coopératives à l'impôt de la patente manquent de base juridique ; elles s'appuient sur des considérations presque puériles. En admettant que le législateur s'en contente et veuille frapper nos institutions des taxes diverses du commerce, le but poursuivi sera-t-il atteint, la concurrence faite aux détaillants deviendra-t-elle moins redoutable, le mouvement coopératif sera-t-il ralenti dans sa marche? A notre avis, l'impôt de la patente est un médiocre expédient qui ne profitera guère au petit commerce et dont ne souffriront pas beaucoup les sociétés de consommation. Régies par le droit commun des commerçants, celles-ci pourraient aspirer à une nouvelle expansion. Nulle part la coopération n'est plus développée qu'en Angleterre, et cependant elle n'y a point bénéficié de la disposition légale à laquelle nos sociétés ont tort d'attacher une si grande importance. Appliqué sans les exagérations dont on menace les grands magasins, l'impôt de la patente leur donnerait le droit d'ouvrir leurs magasins au public et leur permettrait ainsi de compenser largement le sacrifice pécuniaire de l'impôt par l'accroissement de la clientèle. Elles lutteraient ainsi à armes égales contre les intermédiaires dont les doléances n'auraient plus même un semblant de raison et l'opinion publique ne verrait plus en elles des concurrents privilégiés. Incapable de saisir les arguments juridiques qui motivent l'exonération de la patente, le public l'envisage comme un régime de faveur, comme un privilège injustifié, comme une sorte de violation du principe d'égalité fiscale ; il réserve donc sa sympathie à ceux qui se prétendent lésés par ce régime d'exception. La nouvelle loi appelée à régir les sociétés de consommation précise leurs obligations fiscales et consacre diverses exemptions, relatives à la patente, à l'impôt sur le revenu, aux droits de licence, aux droits de timbre, etc. Ce cadeau leur sera peut-être plus funeste qu'utile ; il n'est pas certain que ces immunités leur amènent de nombreux adeptes (Sénat compterendu, 1893, p. 1399).

Pour en finir avec le caractère civil des sociétés coopératives, il reste à examiner une dernière question concernant les *adhérents*. Ce mot désigne une catégorie de personnes qui acquièrent le droit de s'approvisionner au magasin, moyennant une faible cotisation, tantôt annuelle, tantôt une fois payée. Ces clients qui n'ont point la qualité d'associés, participent le plus souvent aux bénéfices distribués proportionnellement aux achats. Dans leurs statuts, la plupart des sociétés se réservent la faculté de réunir, à côté des membres véritablement associés, des membres adhérents dont elles fixent les conditions d'admissibilité. C'est pour elles un élément de vie et de pros-

périté presque toujours indispensable, parce qu'au début
de l'organisation, le nombre des consommateurs est trop
restreint pour qu'il soit possible de n'ouvrir les portes du
magasin qu'aux seuls associés. Il faut donner aux affaires
une certaine étendue et, dans ce but, faciliter l'accès du
magasin à des acheteurs pris en dehors des sociétaires.
Il y a un double avantage dans . te méthode : avantage
pour la société qui réalise ses achats à des conditions
d'autant plus favorables que ses clients sont plus nombreux ; avantage pour les petits, les humbles, les pauvres
mis par la modicité de leurs ressources dans l'impossibilité de verser à la société le prix d'une action. Avec un
faible droit d'entrée, les adhérents peuvent participer aux
bienfaits de l'association et devenir actionnaires, sans
bourse délier, par une simple accumulation des bonis. Ils
forment, en quelque sorte, la pépinière des sociétés de
consommation ; ils passent par une sorte de stage au cours
duquel ils apprécient les mérites de l'institution : ce sont
des apprentis coopérateurs. En fait, la plupart des sociétés de consommation n'ont réuni au début que fort peu de
sociétaires actionnaires ; ce petit noyau s'est renforcé de
nombreux adhérents qui ont pu acquérir des actions avec
les seules ressources des dividendes. A l'appui de cette
affirmation, citons deux exemples seulement à titre de
preuve. Sur les 30.000 francs dont se compose le capital
de l'*Abeille Suresnoise*, une somme de 18.000 francs a été
formée par la mise en réserve des bonis attribués aux
adhérents. La *Revendication de Puteaux* avait, en 1891,
443 adhérents, 296 sont devenus actionnaires au cours de
l'année. L'expérience confirme ainsi les données de la
théorie.

Mais l'accès des magasins accordé aux adhérents ne

change-t-il point le caractère des opérations de l'entreprise? Le droit d'entrée n'apparaît-il pas comme une ingénieuse combinaison, permettant de faire appel à une cliente illimitée, et en définitive, de vendre au public, comme tout commerçant? En d'autres termes, ne peut-on soutenir qu'une société coopérative de consommation fait acte de commerce quand elle revend les marchandises à une catégorie d'acheteurs auxquels la qualité d'associé ne saurait être reconnue? Nous croyons qu'une société perd son caractère civil quand elle ne limite pas la distribution des produits achetés par elle aux seules personnes jouissant des prérogatives et supportant les charges que confère ou impose le titre d'associé.

Une société à ses débuts compte peu de membres; elle aurait donc de la peine à se soutenir si elle ne vendait au dehors. Quand elle a pris de l'extension et groupé un plus grand nombre de consommateurs actionnaires, l'intérêt lui commande toujours de rechercher de nouvelles adhésions définitives ou provisoires, parce que les bénéfices s'accroissent quand les frais généraux se répartissent sur un plus grand nombres d'affaires. C'est donc bien, au fond, un but lucratif qui pousse la société à ouvrir ses magasins aux clients dits « adhérents ». Leur concours est le plus souvent nécessaire pour que les opérations produisent l'excédent de recettes qui servira, en fin d'exercice, à constituer la réserve, à rénumérer le capial social au taux fixé par les statuts. Aussi la législation allemande qui interdit la vente au public ne fait-elle pas d'exception pour les adhérents; elle dispose dans son article 8, que « les associations de consommation ne doi-
« vent vendre qu'aux associés ou à leurs représentants. »
Ce terme « d'associé » est beaucoup plus explicite que

celui de « membres » ou de « sociétaires » dont l'emploi est fréquent dans les arrêts de notre conseil d'Etat rendus à propos des questions de patente examinées précédemment. A notre sens, une société coopérative de consommation fait acte de commerce quand elle vend des marchandises à des personnes qui n'étant point actionnaires, sont des tiers, des étrangers.

Le projet de loi sur les sociétés coopératives, déjà plusieurs fois discuté par les deux Chambres, se montre plus libéral mais aussi moins respectueux des principes de droit que la loi allemande. Malgré une très vive résistance des défenseurs du commerce, le projet maintient aux sociétés de consommation leur caractère civil lors même qu'elles admettent des adhérents à la distribution des marchandises. Il y met, il est vrai, diverses conditions : l'adhérent doit participer aux bénéfices proportionnellement à ses achats et de plus payer un droit d'entrée fixé par les statuts et qui ne peut dans aucun cas être inférieur à 2 francs. Tel est le projet de la Chambre. Le texte voté par le Sénat exige le versement d'une somme égale au dixième d'une action. D'ailleurs cette somme est inscrite au compte individuel de l'adhérent et s'augmente des bonis annuels jusqu'à ce qu'elle atteigne le montant d'une action et permette à l'adhérent de prendre rang parmi les associés (art. 30). La solution admise par la Chambre nous paraît beaucoup moins juridique que celle du Sénat : suivant le taux des actions, la taxe minima de 2 francs sera égale ou inférieure au dixième d'une action (le taux minimum est de 20 francs d'après le projet de loi), et l'on ne se rend pas aisément compte de ce chiffre fixé arbitrairement. Pour concilier les intérêts économiques des sociétés coopératives avec les principes de droit, pour leur conserver le caractère de sociétés civiles et justifier ainsi l'exonération de certaines charges fiscales, de la patente en particulier, il faut faire de l'adhérent un associé au sens juridique du mot, sauf à n'exiger de lui tout d'abord qu'une part minime de l'action par lui souscrite, le dixième par exemple, et à faciliter les versements complémentaires. L'adhérent se trouverait ainsi dans la situation d'un associé fondateur qui n'a pas complètement libéré ses actions, et nul ne pourrait reprocher à la société de vendre à peu près à tout venant.

Le Sénat nous semble avoir entrevu cette solution. Il exige le versement d'un droit d'entrée au moins égal au dixième d'une action ; il a évidemment été guidé par cette considération que, dans les sociétés coopératives, chaque actionnaire doit verser le dixième au moins des actions souscrites (art. 6) (1). La variabilité du capital, trait caractéristique des groupes coopératifs, en fait des cadres toujours ouverts où de faciles admissions comblent les vides créés par la mort, les départs ou de simples changements de quartiers. Il est de leur essence de commencer modestement et de ne s'accroître que peu à peu en hommes et en capitaux. Chaque nouvelle recrue doit être autorisée à souscrire une action sans avoir sur l'heure les fonds correspondant à la valeur entière ; elle en verse seulement une fraction déterminée et s'engage à fournir le surplus au moyen des économies réalisées sur ses achats. Par suite, tout consommateur qui demande à s'approvisionner au magasin coopératif doit être admis, avec la

---

1. La loi de 1867 n'exige pas que chaque actionnaire ait versé le 1/10 de ses actions pour que la société puisse commencer ses opérations.

qualité d'associé, sans être tenu de payer le montant intégral d'une action ; mais il contracte l'obligation de compléter son apport, soit à l'aide des bénéfices éventuels de l'entreprise, soit à l'aide de toute autre ressource. Voilà, suivant nous, le maximum des concessions permises si l'on veut maintenir à la société son caractère civil.

Quoi de plus rationnel d'ailleurs que cette facilité accordée au nouveau membre d'une association qui présente plus d'un trait de ressemblance avec une caisse d'épargne ? La loi du 24 juillet 1867 (art. 48) ne prévoit-elle pas que les sociétaires pourront se trouver dans une situation différente au point de vue de la réalisation de leurs apports, les uns en ayant versé un, deux ou trois dixièmes, les autres ayant fait un payement total ? Cette diversité de situation est la conséquence naturelle du droit ouvert aux associés de reprendre, en partie, leurs versements pour en faire emploi dans un moment de crise, en cas de besoin pressant et imprévu. Sans cette faculté, la société risquerait souvent de perdre pour toujours un membre dont l'expérience et les connaissances lui ont été précieuses. En cela, aucune gêne pour les associés : l'inégalité dans les versements entraîne l'inégalité dans la participation aux profits sociaux ; pas de danger sérieux pour les tiers : ils ont dû prévoir la réduction éventuelle du capital, et d'ailleurs la responsabilité personnelle du retrayant subsiste pour la part qu'il s'est fait restituer.

Or, le retrayant qui a sollicité le remboursement des neuf dixièmes de sa part sociale ne cesse pas, pour nous, de jouir des prérogatives attachées au titre d'actionnaire, c'est-à-dire qu'il continue de faire partie des assemblées générales et de participer à l'administration de la société. Si on ne peut lui contester ces droits, on ne saurait davantage l'affranchir des charges qui en découlent. En cas d'insuccès et d'infériorité de l'actif comparé au passif, les créanciers seront fondés à poursuivre le versement complémentaire des parts ou actions. Cette éventualité, sans doute peu redoutable dans une entreprise dont la ligne de conduite est de traiter les opérations d'achat et de vente au comptant, le nouvel associé ou adhérent doit, comme le retrayant, la prévoir et l'envisager avec ses conséquences juridiques, avec la responsabilité pécuniaire qu'elle entraîne.

Au lieu de ces associés fermes et définitifs, les seuls qui puissent faire partie de la compagnie sans en dénaturer le caractère, pourquoi créer une catégorie spéciale de sociétaires dont la situation légale est fort ambiguë ? En effet, les adhérents sont tenus à l'écart de l'administration et de la direction de la société, ainsi que des assemblées générales, tant que le droit d'entrée et les bonis accumulés ne représentent pas la valeur entière d'une action. Il est difficile d'expliquer cette exigence ; car personne ne comprendra que les actions étant libérées de moitié par exemple, l'adhérent reste étranger au fonctionnement de la. société, bien que l'apport déjà réalisé par lui dépasse les versements effectués par ceux qui ont la jouissance de toutes les prérogatives attachées au titre d'actionnaire.

L'anomalie disparaît avec notre solution qui place sur pied d'égalité complète tous les membres d'une même société, leur accorde les mêmes droits et leur impose aussi les mêmes charges. La situation, plus nette et plus régulière, réduit à néant les plaintes du commerce, par ce que les adhérents sont de véritables associés et non pas de simples clients, destinés à procurer un bénéfice

commercial. Les sociétés ne pourraient plus être accusées d'éviter les charges fiscales au moyen d'une combinaison tendant à donner l'apparence d'associés à des
personnes qui n'en ont ni le titre ni la responsabilité.

En conservant leur caractère civil, les sociétés coopératives de consommation donnent-elles naissance à une
personnalité juridique ? Dans notre droit actuel, les opinions sont très divisées sur le point de savoir si les
sociétés civiles forment des personnes morales. L'intérêt
qui s'attache à cette question est considérable. L'absence
de personnalité juridique entraîne de nombreuses conséquences que nous ne voulons pas énumérer en détail. A
titre d'exemple, en voici deux fort importantes : les instances judiciaires deviennent très onéreuses parce qu'elles
nécessitent le concours de tous les associés ; les biens
constituant le fonds social appartiennent par indivis aux
associés, ils ne forment pas un patrimoine distinct qui
puisse devenir le gage des seuls créanciers sociaux à
l'exclusion des créanciers personnels des associés. C'est là
une conséquence grave pour une entreprise qui fait appel
au crédit. Quelle est, sans ce rapport, la situation légale
des sociétés coopératives ? Avec la majeure partie des
auteurs nous croyons la question résolue en faveur de la
personnalité juridique par l'article 53 de la loi de 1867.
En voici les termes : « La société, quelle que soit sa forme,
« sera valablement représentée en justice par ses admi-
« nistrateurs. » Dans une pensée bienveillante pour les
sociétés à capital variable, le législateur a voulu leur
éviter les inconvénients de la jurisprudence qui exige,
avons-nous dit, que tous les associés soient personnellement assignés en justice. Cette faveur est un des attri-

buts de la personnalité juridique. On est donc fondé à admettre que le législateur, en introduisant ce texte dans la loi, a voulu faire de nos sociétés des personnes morales. Cette qualité ne leur a jamais été sérieusement contestée et l'on s'étonne que par un jugement, en date du 5 août 1887, le tribunal de Périgueux ait pu méconnaître la portée exacte de notre article qui concerne les sociétés purement civiles aussi bien que les sociétés commerciales (1).

En effet, parmi les dispositions de la loi de 1867, les unes régissent toutes les sociétés, quelles qu'en soient les formes variées, et les autres s'appliquent aux seules sociétés par actions. L'article 53 précité rentre dans la première catégorie. Le caractère de généralité s'induit de sa rédaction même. D'ailleurs la disposition eût été inutile, si elle n'avait pas dû s'appliquer aux sociétés purement civiles. Enfin la personnalité juridique leur a été formellement reconnue dans la discussion du projet de loi soumis, à différentes reprises, aux délibérations des Chambres. On a demandé à la commission si elle entendait investir les sociétés coopératives de la personnalité morale et, par l'organe de son rapporteur, elle a donné une réponse affirmative qui écarte toute controverse (2), le texte nouveau reproduisant l'article 53 de la loi de 1867.

L'examen de cet article nous a conduit à remarquer, dans la loi de 1867, deux catégories de dispositions, les unes communes à toutes les entreprises coopératives, les autres spéciales aux sociétés par actions. Nous devons les

1. *Journal des Sociétés*, 1887, p. 580.
2. Sénat, 2 juin 1892, p. 536.

exposer successivement et les comparer, quand il sera possible, aux dispositions des lois étrangères et aux règles nouvelles que l'on propose d'insérer dans le code de la coopération.

A la première catégorie appartient l'article 54 qui, dans le silence des statuts, consacre une dérogation à l'article 1865 du Code civil relatif aux causes de dissolution. La mort, l'interdiction, la faillite, la retraite d'un associé mettent fin aux sociétés en nom collectif ou en commandite et à celles régies par le Code civil. Mais il ne s'agit pas là d'une disposition d'ordre public à laquelle les parties sont contraintes de se soumettre. Le principe de la liberté des conventions autorise une stipulation contraire, et la loi l'a sous-entendue en faveur des sociétés coopératives. En raison du grand nombre des associés, condition nécessaire de leur prospérité et de leur développement, elles ont besoin d'être protégées contre des chances de dissolution trop fréquentes.

Une autre faveur commune à toutes les sociétés et fertile en conséquences, c'est la variabilité du capital et des personnes, autorisée par l'article 48, avec dispense des formalités de dépôt et de publication applicables aux autres associations. Nous avons eu l'occasion de remarquer que cette variabilité constitue un des traits saillants des sociétés coopératives françaises et étrangères. C'est qu'en effet elles sont appelées le plus souvent à grouper des personnes disposant de ressources restreintes et, plus que d'autres, exposées au chômage, à la maladie, aux changements de résidence. Si des associés ont besoin de leur argent, il faut qu'ils puissent retirer leurs mises et diminuer le capital social. Mais à l'inverse, de nouvelles recrues pourront se présenter et accroître le capital par leurs apports. Est-ce à dire que la considération des personnes soit indifférente comme dans la plupart des sociétés anonymes ? Cette croyance serait en opposition formelle avec les sentiments qui animent les vrais coopérateurs. Pour eux, l'association réalise la conception que s'en étaient faite les Romains qui considéraient les sociétaires comme unis en quelque sorte par les liens d'une vraie fraternité. Dans les sociétés coopératives, la personnalité des membres joue un grand rôle et domine dans les rapports des associés entre eux. En conséquence, ils doivent se choisir, et le titre d'associé ne se transmet pas à un tiers comme une action industrielle ou commerciale ordinaire. L'agrément de la société est le plus souvent nécessaire pour que cette transmission s'effectue et que le titre passe en des mains dignes de le recevoir. Pour le même motif, un associé peut être exclu contre sa volonté, quand sa présence devient un sujet de trouble ou de discorde.

Mais le point de vue change si l'on examine les relations de la société avec les tiers. Ces derniers n'ont généralement en face d'eux qu'une association de capitaux et certaines règles protectrices s'imposent en leur faveur. Par cela seul qu'à la suite d'une dérogation au droit commun, les membres des sociétés coopératives sont autorisés à reprendre, dans une certaine mesure, leur mise sociale quand ils le jugent convenable, on peut dire que le crédit de ces sociétés est fort périlleux. La loi se montre donc prudente en édictant des mesures de précaution et en prescrivant des garanties particulières. C'est ainsi qu'elle limite le droit de reprise en déterminant un minimum au-dessous duquel le capital social ne doit jamais descendre. « Les statuts, dit l'article 51, détermineront

« une somme au-dessous de laquelle le capital ne pourra
« être réduit par les reprises des apports. » Cette restriction est exigée dans l'intérêt des tiers dont le capital social est l'unique garantie dans les sociétés anonymes. Elle est en même temps une sauvegarde pour la
société elle-même. Accorder un droit de reprise sans
réserve aucune et quel que soit l'état de la caisse sociale,
n'est-ce pas détruire le crédit de la société, en entraver
le fonctionnement, paralyser l'action des administrateurs
par la crainte que des retraits imprévus ne les mettent
dans l'impossibilité de tenir leurs engagements? Aussi la
loi laisse-t-elle à la société elle-même le soin de régler ce
point au mieux de ses intérêts; elle lui permet de statuer en toute liberté sous la seule condition de fixer une
somme qui ne soit pas inférieure au dixième du capital
social (art. 51). Elle lui accorde la faculté, par exemple,
de fixer au quart ou au tiers la portion irréductible du
fonds social, d'exiger un avis préalable à toute reprise,
de refuser, comme en Allemagne, les reprises partielles,
de n'effectuer les payements qu'après un certain délai :
en respectant le minimum légal, la liberté des conventions demeure entière. Le texte voté par la Chambre
(art. 11) s'écarte des règles fort sages tracées par la loi
de 1867. « Lorsque la diminution constatée par le der-
« nier inventaire atteint les trois quarts du capital social
« initial », il est prescrit aux administrateurs de convo-
quer d'urgence l'assemblée générale qui se prononce sur
la continuation ou la dissolution de la société (1). Cette
innovation est peu satisfaisante, bien qu'elle ait été puisée
dans l'article 37 de la loi de 1867 qui se préoccupe éga-

1. Chambre des Députés, 29 mars 1893, p. 1160.

lement des mesures à prendre en cas de perte des trois quarts du capital social, mais sans ajouter le mot *initial*. Le législateur fait preuve ici d'une prudence exagérée, dangereuse même. Ainsi une association s'est formée avec un capital initial de 20.000 francs; par suite de l'accroissement des affaires, elle a émis à plusieurs reprises de nouvelles actions à concurrence de 80.000 francs. Une perte de 15.000 francs contraindra les administrateurs à jeter l'alarme parmi les actionnaires convoqués d'urgence pour décider s'il n'y a pas lieu de mettre fin à l'entreprise. Un tel souci des intérêts des actionnaires ou des tiers n'est pas justifié. Il est plus logique de fixer la limite de réduction en prenant pour base, non pas le capital initial, mais le capital constaté par le dernier inventaire.

Ainsi la variabilité du capital doit se concilier avec la garantie légitime due aux tiers; dans ce but, la loi détermine les limites extrêmes de la réduction. Mais dans son propre intérêt, la société elle-même peut se tenir en deça des limites accordées, et fixer le maximum de diminution au quart, au tiers ou même à la moitié du fonds social et surtout imposer aux retrayants l'obligation d'un avis préalable. Dans l'économie de la loi française, ce dernier point doit être réglé par les statuts. Les législations étrangères ont supposé que les conventions des parties pourraient garder le silence et elles ont elles-mêmes imposé certaines conditions au retrait des apports.

D'après la loi belge de 1873 (art. 93) les associés qui veulent se retirer ne peuvent donner leur démission que dans les six premiers mois de l'année sociale. La législation italienne (C. Com., art. 224) exige pour la sortie une notification par acte d'huissier qui produit ses effets à l'expiration de l'année sociale pourvu qu'elle soit faite avant le commencement du dernier trimestre. En cas de retard, le sociétaire reste engagé pour l'année suivante. En Suisse, la faculté de se retirer de l'association est d'ordre public : les statuts ne peuvent valablement supprimer ce droit et l'on ne peut s'engager d'avance à n'en pas faire usage (art. 684 du Code fédéral). Dans le silence des statuts, la loi exige un avertissement préalable d'au moins quatre semaines; la sortie n'a lieu qu'à la fin de l'exercice annuel. La loi allemande de 1889 (art. 63) offre sur ce point une très grande analogie avec la précédente : le droit de sortie y est aussi d'ordre public ; mais il faut prévenir trois mois, et même deux ans, à l'avance, si les statuts l'exigent. Le délai de deux ans est un délai maximum. Dans les législations, allemande et suisse, la retraite d'un associé est toujours possible aux conditions fixées par la loi ou les statuts. A l'égard des sociétés françaises, on peut se demander si les statuts peuvent interdire la sortie des associés, en d'autres termes, si l'augmentation et la diminution du capital ne forment pas une clause indivisible.

Un arrêt de la Cour de Lyon, du 11 janvier 1872 (1), a consacré le principe de l'indivisibilité repoussé par des auteurs considérables (2). Voici l'espèce sur laquelle la cour était appelée à statuer. Une association formée en vue de la construction d'un édifice avec un capital qui ne dépassait pas 200.000 francs, avait émis des actions de

1. Dalloz, 72, 2, 175.

2. Mathieu et Bourguignat, n. 269. Alauzet, n. 582. En sens contraire : Pont, p. 653. — Lyon-Caen et Renault, *Précis de droit commercial*, p. 215.

50 francs et stipulé l'augmentation progressive du capital, mais elle avait écarté en même temps la possibilité d'une diminution par la reprise totale ou partielle des apports. La Cour a prononcé la nullité de la société comme violant les prescriptions de l'article 1er de la loi de 1867. D'après les considérants de l'arrêt, les sociétés à capital variable sont celles qui réunissent les deux conditions suivantes : 1° augmentation possible du capital ; 2° diminution du capital par le retrait des apports. Les sociétés dont les statuts contiennent cette double stipulation sont seules appelées à bénéficier des dispositions ultérieures de la loi, parmi lesquelles se trouve la faculté de réduire les actions. Ces dispositions, dit encore l'arrêt, ont été édictées en vue de favoriser le développement des sociétés coopératives et dans une pensée de sollicitude pour les classes ouvrières.

Les opinions dissidentes affirment que ni la lettre ni l'esprit de la loi ne permettent de considérer les deux clauses comme indivisibles. Il peut donc être convenu que le capital sera susceptible d'augmentation mais non de diminution et réciproquement. Nous ne partageons pas cet avis, préférant la solution contenue dans l'arrêt de Lyon qui nous paraît conforme et au texte de la loi et à la pensée du législateur. L'article 48, siège de la difficulté, est ainsi conçu : « Il peut être stipulé que le capital « social sera susceptible d'augmentation par des verse- « ments successifs *et* de diminution par la reprise totale « ou partielle des apports effectués. » La rédaction est très nette et la forme même indique la double condition imposée à une association désireuse de profiter des avantages concédés aux sociétés à capital variable. Elle doit permettre le double mouvement d'augmentation et de diminution du fonds social. L'article 52 ne fait pas obstacle à cette interprétation en disant que chaque associé pourra se retirer, lorsqu'il le jugera convenable, à moins de conventions contraires. Il vise très certainement les clauses insérées dans les statuts, en vue soit d'exiger un avis préalable, soit de retarder le paiement des sommes dues à l'associé démissionnaire. Nous avons vu en effet que les lois étrangères ont jugé utile de combler sur ce point les lacunes qui représenteraient les statuts. Les « conventions contraires » de l'article 52 se refèrent à l'époque de la sortie qui pourra être, non pas la date choisie par l'intéressé, mais celle imposée par les statuts, par exemple, une date coïncidant avec la confection de l'inventaire. Tel est, pour nous, le sens littéral de l'article 52. — 1° qui n'a nullement pour but d'atténuer les exigences très rationnelles de l'article 48.

Quant à l'esprit de la loi, il a été mis en pleine lumière dans la discussion non-seulement de la loi de 1867, mais encore de la loi soumise au Parlement. Les habitudes et les besoins des classes appelées à profiter de l'association coopérative exigent, a-t-on dit, en faveur de chaque intéressé, le droit, sans porter atteinte aux garanties dues aux tiers, « d'entrer dans la société et d'en sortir, d'y « apporter ses épargnes et de les en retirer » le jour où les circonstances lui en font une nécessité impérieuse. Le législateur a voulu permettre le double mouvement d'entrée et de sortie, estimant avec raison que la certitude de pouvoir reprendre leur part d'actif en tout ou en partie serait pour les consommateurs un encouragement à rechercher les bienfaits de l'association. Tant qu'elle ne compromet ni les intérêts des tiers ni le fonctionnement de la société, la sortie des associés doit être facilitée au même titre que l'admission. C'est bien ce qu'avait en vue le législateur quand il a fait de la variabilité du capital une modalité des sociétés ordinaires caractérisée par la combinaison des deux clauses d'augmentation et de diminution. La pensée du législateur serait méconnue par le pacte social qui se bornerait à prévoir l'admission de nouveaux membres sans permettre aux parties une fois engagées de sortir de la société ou même de reprendre une fraction de leurs apports.

Cependant nous n'acceptons pas sans réserve les motifs invoqués par la Cour de Lyon. Ils auraient, en effet, pour conséquence de restreindre le bénéfice de la loi aux sociétés ouvrières. Or, cette restriction doit être rejetée ; la loi a été faite pour tout le monde et non pas simplement pour une catégorie de personnes : c'est une loi de droit commun. Notre conclusion est donc que la loi française n'est pas moins libérale que les lois allemande et suisse ; elle ne permet pas d'interdire aux associés le retrait de leur part dans l'actif social. Toutefois le droit de reprise est subordonné à l'état du fonds social et aux règles particulières insérées dans les statuts. D'ailleurs la faculté ainsi concédée à l'associé ne lui permet pas de se soustraire aux obligations de droit commun et de nuire à la société par une retraite inopportune. Les articles 1869 et 1870 du Code civil contiennent une sauvegarde suffisante contre les démissions frauduleuses. Si les départs révèlent une coalition qui aurait pour but de créer de sérieux embarras à la société et d'en préparer la dissolution avant le terme fixé par le pacte social, ils constituent une faute dont les auteurs sont responsables dans les termes du droit commun. Il ne faut pas perdre de vue les difficultés que présentera l'administration de la preuve quand, les statuts ayant gardé un imprudent silence, les associés pourront reprendre leurs apports sans avis préalable, lorsqu'ils le jugeront convenable pour employer les termes mêmes de la loi. Les législations étrangères ont donc raison de se montrer plus prévoyantes que la nôtre et de n'autoriser le remboursement des actions qu'après un délai d'une durée variable. Il est fâcheux qu'une disposition analogue n'ait pas trouvé place dans la loi actuellement en discussion.

La diminution du capital ne résulte pas seulement de la sortie volontaire des associés ; elle provient encore de la retraite imposée à certains membres en vue de maintenir l'ordre et l'harmonie au sein de la société. Le droit d'exclusion est consacré par les lois de tous les pays qui pratiquent la coopération ; il met en relief l'un des traits originaux de nos institutions : alors même qu'elles sont constituées par actions, elles n'en restent pas moins, sous certains rapports, des sociétés de personnes. Le droit d'exclusion apparaît comme le corollaire de la règle qui subordonne l'admission des nouveaux actionnaires à l'agrément, soit du Conseil d'administration, soit de l'assemblée générale. Après avoir posé ce principe, il fallait, en effet, reconnaître à la société le pouvoir de se débarrasser des membres réputés dangereux ou indignes. Pour être rationnelle et en parfaite harmonie avec la doctrine de la coopération, la prérogative reconnue aux sociétés n'en constitue pas moins une dérogation remarquable au droit commun. C'est une arme défensive, fort délicate à manier, que la loi a mise entre leurs mains. Voyons d'abord comment notre législation en a réglé l'usage ; en comparant ses dispositions à celles des lois étrangères, nous aurons peut-être l'occasion

de constater que notre législation actuelle pourrait entou-
rer l'exclusion de garanties mieux définies et plus sérieuses.

L'article 52-2° porte : « Il pourra être stipulé que
« l'assemblée générale aura le droit de décider, à la ma-
« jorité fixée pour la modification des statuts, que l'un
« ou plusieurs des associés cesseront de faire partie de
« la société. »

« Ce texte exige trois conditions :

1° Le droit d'exclusion doit avoir été prévu par les
statuts ;

2° L'exclusion est prononcée par l'assemblée générale ;

3° Il faut réunir la majorité fixée pour la modification
des statuts.

Si l'acte constitutif est muet sur ce dernier point, la
délibération ne sera valable qu'en satisfaisant aux exigences de l'article 31, c'est-à-dire que l'assemblée devra
réunir un nombre d'actionnaires représentant au moins la
moitié du capital social. La décision de l'Assemblée est
d'ailleurs souveraine ; elle ne pourrait être attaquée que
pour violation des statuts ou de l'article 31 (L. de 1867).
Un seul obstacle peut empêcher l'exclusion : la nécessité
de maintenir le capital au chiffre irréductible, soit légal,
soit statutaire. Mais cet obstacle même n'est pas insur-
montable : on peut trouver un associé ou un tiers qui
consente à prendre la place de l'exclu. On ne saurait
accuser la loi d'avoir édicté à cet égard des dispositions
trop gênantes ; elle mérite plutôt le reproche d'une facilité trop grande qui peut devenir injuste et oppressive.

Il n'est pas question, en effet, des causes qui justifie-
ront la retraite imposée à un associé. Par suite, la majo-

rité de l'assemblée est investie d'un pouvoir illimité et sans contrôle ; elle n'a pas besoin de motiver ses jugements. Une réforme sur ce point est désirable, celle introduite dans la nouvelle loi ne peut être considérée comme une amélioration sérieuse. Le texte admis par la Chambre et le Sénat (art. 21), exige pour l'exclusion une assemblée spéciale et la majorité des trois quarts des votants ; le sociétaire menacé d'exclusion aura sans doute le droit de présenter sa défense, car il est prescrit de l'aviser par lettre recommandée huit jours au moins avant la réunion. Au premier abord, on serait porté à croire que l'éviction d'un associé deviendra plus difficile parce qu'elle devra être prononcée par les trois quarts des sociétaires présents à l'assemblée. Si l'on y réfléchit, les garanties paraîtront peut-être moindres que celles accordées par la loi de 1867. Celle-ci exige une décision émanant d'un nombre d'actionnaires qui représentent au moins la moitié du capital social et, si les statuts imposent une majorité plus forte, cette dernière majorité devra être obtenue pour rendre l'exclusion valable.

Or, la loi nouvelle se contente de la majorité formée par les trois quarts des votants, sans spécifier la part du capital social qui devra être représentée. Il se peut que beaucoup de sociétaires ne répondent pas à l'invitation qui leur sera adressée : les membres présents pourront donc prendre une décision fort grave qui n'exprimera pas le sentiment général des associés. L'exclusion n'est pas entourée de garanties sérieuses et l'on peut dire, sans trop d'exagération, qu'une large porte est ouverte à l'arbitraire. Pareil reproche ne s'adresse point aux législations étrangères ; en général, elles ne permettent que l'exclusion motivée, c'est-à-dire, basée sur tel ou tel motif d'indignité. Les statuts ou la loi disent dans quels cas et pour quelles raisons on pourra exclure un sociétaire.

La loi belge (art. 95), reconnaît aux sociétés le droit d'exclusion : mais les formalités imposées semblent exiger la prévision, par les statuts, des faits qui motiveront l'exercice de ce droit exorbitant. L'exclusion résulte d'un procès-verbal où sont exposés les faits établissant qu'elle a été prononcée conformément aux statuts. Cette formule manque un peu de netteté ; elle signifie à notre sens, que l'associé frappé d'exclusion a dû se rendre indigne en commettant l'une quelconque des fautes prévues par la constitution de la société.

En Italie, les termes ne prêtent pas à l'équivoque ; l'article 224, § 3, porte que « l'exclusion des sociétaires ne pourra avoir lieu que pour des motifs prévus par la loi ou par l'acte constitutif ; elle devra être délibérée en assemblée générale ou par le conseil d'administration suivant les dispositions du dit acte. »

La loi suisse (art. 685), fait prononcer l'exclusion par une décision judiciaire, lorsqu'elle s'appuie sur de justes motifs. L'intervention du juge ne laisse pas de place à l'arbitraire.

La loi allemande du 1er mai 1889 (art. 66), autorise l'exclusion en dehors des causes prévues par les statuts, quand le sociétaire a perdu ses droits civils ou bien s'il est membre d'une autre association faisant des opérations de même nature dans la localité. La sortie involontaire d'un associé peut encore être exigée par tout créancier qui a vainement discuté les biens de son débiteur et qui peut ainsi profiter de la part d'actif à laquelle il a droit dans l'association. C'est là une disposition particulière à la loi allemande. Dans le silence de notre loi qui n'a pas réglementé cette hypothèse, le créancier français n'est pas désarmé ; car l'article 1166 (C. C.) lui permet d'exercer les droits de son débiteur ; parmi ces droits se trouve la faculté de reprendre en tout ou en partie le capital versé à une société coopérative.

Qu'il s'agisse d'une retraite volontaire ou forcée, deux questions restent à examiner : la première concerne les droits de l'associé sortant, la part d'actif social dont il peut exiger la restitution ; la seconde est relative à la durée de la responsabilité encourue par ce même associé à raison des opérations réalisées pendant qu'il était membre de l'association.

La loi française en vigueur n'a pas touché le premier point. En l'absence d'une décision spéciale, les principes généraux doivent nous servir de guide dans la recherche d'une solution. Or, il est de principe, en matière de société, que tout associé a droit à une fraction de l'actif social proportionnelle à son intérêt dans la compagnie. Par suite, l'associé démissionnaire ou exclu a droit à la somme même qui lui serait acquise, si au jour de la sortie il était procédé à une liquidation complète de la société. Dans certains cas, il ne suffirait point de rendre aux intéressés ce dont ils ont fait apport à l'entreprise. Il faut admettre que les associés sortants sont fondés à réclamer une somme supérieure à la valeur nominale de leurs actions qui s'est accrue grâce au fonds de réserve ou de prévoyance ; de même, ils ne pourront pas toujours prétendre au remboursement intégral de leur apport ; car le fonds social a pu être amoindri par des opérations malheureuses. En définitive, si les statuts imitent le silence de la loi, il convient de fixer les droits des associés sortants, comme ils le seraient au cas d'une véritable liquidation.

L'application pratique de ce système n'est pas sans créer quelque embarras aux sociétés ; il n'est pas commode de déterminer, à tout moment, les résultats auxquels aboutirait le partage des biens sociaux. C'est sans doute pour prévenir ces inconvénients que certaines lois étrangères n'autorisent la sortie qu'à l'époque de la confection des inventaires. D'autres ont soin d'indiquer le mode d'évaluation de l'actif social d'après lequel seront établies les parts revenant aux membres exclus ou démissionnaires. C'est ainsi que les lois belge (art. 96) et allemande (art. 71) déclarent que les associés qui se retirent ou sont frappés d'exclusion n'ont droit qu'à la part fixée par le dernier inventaire, déduction faite du fonds de réserve et de prévoyance.

La nouvelle loi française se propose d'introduire ici une distinction qui permettrait d'appliquer un traitement différent, selon que la retraite de l'associé serait volontaire ou forcée. Cette innovation est consacrée par l'article 22 (projet de la Chambre) aux termes duquel l'associé exclu est remboursé d'après le dernier inventaire approuvé, tandis que le compte de l'associé qui se retire volontairement sera liquidé d'après le bilan qui suivra sa retraite. Il est à craindre, en effet, que des associés, instruits de la situation précaire de l'entreprise, ne cherchent, par une prompte retraite, à se soustraire aux conséquences des évènements malheureux dont la société vient d'être victime. Si, en semblable hypothèse, les droits de l'associé démissionnaire étaient réglés d'après l'inventaire antérieur au sinistre, de deux choses l'une, ou la dissolution deviendrait inévitable par suite des multiples départs, ou bien les associés, restant fidèles à l'institution dans la mauvaise comme dans la bonne fortune, se trou-

veraient seuls exposés aux conséquences du désastre sur-
venu depuis le commencement de l'exercice. Pour prévenir ce résultat contraire à l'équité, le moyen le plus
simple était de prescrire la liquidation des droits de l'associé démissionnaire d'après la situation constatée par
l'inventaire clôturant l'exercice pendant lequel s'est opérée la sortie volontaire.

Mais le membre que la société déclare indigne et rejette
de son sein ne peut encourir le reproche d'une sortie
provoquée par le désir d'échapper aux suites d'opérations
malheureuses ; il ne doit donc pas souffrir des pertes
éprouvées par la société pendant les quelques mois qui
suivent son départ. Sa retraite n'éveille aucun soupçon
de calcul intéressé.

Au reste, la responsabilité d'un associé ne prend pas
fin au jour de la sortie volontaire ou de l'arrêt d'exclusion.

Nous arrivons ainsi à la seconde question à examiner :
celle relative aux délais pendant lesquels la société ou
les tiers peuvent exercer un recours contre les associés
qui ont reçu leur part dans l'actif social. Les règles du
droit commun conduiraient à dire que, à l'égard de la
société ou des tiers, l'obligation de l'associé qui se retire
durera trente ans par application de l'article 2262, Code
civil. Ce délai a paru beaucoup trop long. Le législateur
a jugé que toute retraite d'associé entraînait une sorte de
liquidation, et consacrant une doctrine peut-être erronée,
il a étendu aux associés sortants le bénéfice de l'article
64 du Code de commerce. Cet article réduit à 5 ans la
durée de la prescription des actions à intenter contre les
associés non liquidateurs. L'application de cet article,
quand il s'agit des associations autres que les sociétés à

capital variable, est l'objet de graves controverses dans lesquelles il ne nous semble pas utile d'entrer. Que la pensée bienveillante qui a dicté l'article 64 ne se justifie pas à l'égard des associés dont la responsabilité est limitée à l'apport, il n'importe ici, puisque nous sommes en présence d'un texte dont la portée générale ne saurait être mise en doute. En termes fort clairs, la loi déclare que l'associé, sortant pour une cause quelconque, sera tenu pendant cinq ans des obligations contractées antérieurement à son départ (art. 52 *in fine*). Quant à l'étendue du droit de poursuite, elle varie avec les différents types de sociétés. Les tiers peuvent agir contre l'associé à concurrence de ses actions ou de sa part dans la commandite; i!s peuvent également le poursuivre pour la totalité des dettes, s'il était associé en nom.

Enfin dans les sociétés régies par le Code civil, les associés sont tenus des dettes, sauf stipulations contraires, chacun pour une part virile. L'article 52 laisse subsister toutes ces distinctions; il se borne à réduire la durée de la prescription en déclarant que les actions seront éteintes après un délai de cinq années. Il n'eût peut-être pas été mauvais de préciser, dans la loi, l'étendue de la responsabilité des membres, d'une société anonyme civile. Des auteurs distingués soutiennent que l'influence de la forme adoptée pour l'organisation sociale n'est pas suffisante pour restreindre la responsabilité des associés telle qu'elle est définie par le Code civil. Tranchant cette controverse dont la portée est considérable, le projet de loi déclare que « la responsabilité des asso- « ciés vis-à-vis des tiers est limitée au montant de leur « souscription, même si la société est civile (art. 10). »

On a parfois élevé des doutes sur l'utilité d'un recours

accordé, soit aux tiers, soit à la société contre les membres qui ont repris leur apport (1). En fait, c'est une doctrine qu'il n'est pas difficile d'expliquer, en tenant compte des nombreux changements de résidence auxquels sont exposés les clients des sociétés coopératives et qui compliquent les instances judiciaires. En droit, le recours est naturel et juste : nombreuses sont les hypothèses où se manifeste son utilité. Les droits de l'associé ont pu être liquidés sur des bases inexactes, parce que dans l'actif social figuraient des valeurs dont le recouvrement n'a pas donné tout ce qu'il était permis d'en attendre. Par suite, les pertes subies par la société ont dépassé les prévisions, en sorte qu'il a été remboursé à l'associé sortant une somme supérieure à celle qui lui eût été remise, si l'inventaire avait été établi sur des données plus exactes. En présence de ce fait, ne serait-il pas choquant que la société fût privée de tout moyen lui permettant de faire rentrer dans la caisse sociale les sommes indûment payées ? Serait-il juste de la rendre victime d'une évaluation qui a pu être sincère et reposer sur la solvabilité très apparente des débiteurs sociaux ? D'autres faits sont de nature à motiver un recours non moins légitime. La société peut avoir à demander compte à l'associé des fautes commises en qualité d'administrateur, par exemple, et qui n'ont été connues qu'après sa retraite. Des actes multiples ont pu engager sa responsabilité envers la société ; les inventaires périodiques ne les révèlent pas toujours. Les obligations n'en sont pas moins réelles : il serait imprudent de les déclarer éteintes par cela seul

1. Bédarride, n° 574.

que l'associé a reçu sa part de l'actif social déterminée par l'inventaire qui a précédé ou suivi son départ.

De même, à l'égard des tiers, il est de principe que les associés, au moins dans les sociétés anonymes ou en commandite, sont tenus à concurrence de leurs actions. Si donc le fonds social ne permet pas de faire face à toutes les dettes contractées antérieurement à la sortie, les créanciers seront fondés à poursuivre le reversement des valeurs qui en ont été distraites et qui leur servaient de garantie. Mais il ne convient pas que l'associé sortant demeure trop longtemps exposé à ces chances de poursuite. Aussi la loi le déclare-t-elle affranchi des dettes, même antérieures à sa sortie, après un certain laps de temps. La loi de 1867, avons-nous dit, le déclare responsable pendant cinq ans. Ce délai a paru trop long, peut-être en raison de l'efficacité souvent problématique des recours. Le projet de loi le réduit à trois ans (art. 23), mais en accordant aux statuts la faculté de le prolonger.

Toutes les législations étrangères ont reconnu l'avantage d'une responsabilité restreinte quant à la durée. Les limites sont assez variables, sans cependant excéder le terme de cinq ans admis par la loi française en vigueur. La législation belge a inscrit le même délai dans l'article 98 de la loi de 1873. En Allemagne, en Autriche, en Suisse, en Italie, la responsabilité prend fin au bout de deux ans. La durée du recours est encore moindre en Angleterre; elle ne dépasse pas une année. Il est vrai que les créanciers trouvent une sécurité toute spéciale dans les conditions exigées par la loi anglaise. Si toute société a le droit de diminuer son capital, elle ne peut l'exercer qu'en vertu d'un jugement rendu contradictoirement avec les créanciers sociaux.

Le projet de loi se tient dans un juste milieu, en fixant à trois ans la durée de la prescription.

Nous avons ainsi examiné les dispositions communes de la loi de 1867, applicables à toutes les sociétés à capital variable, quelles que soient la forme de leur constitution et la nature de leurs opérations habituelles.

La loi a également tracé certaines règles sous l'empire desquelles se trouvent placées les seules sociétés par actions. De ces dispositions spéciales se dégagent, avec beaucoup de netteté, les deux sentiments qui ont animé le législateur : sentiment de bienveillance qui se traduit par les facilités accordées pour la création des sociétés coopératives ; sentiment de prudence qui entoure les faveurs de réserves propres à écarter les abus. Nous allons donc rencontrer deux catégories de mesures, les unes destinées à venir en aide aux sociétés naissantes, les autres contenant certaines restrictions qui sauvegardent les intérêts généraux sans entraver la marche des sociétés par des obstacles trop gênants.

La première faveur dont jouissent les sociétés coopératives fondées d'après les règles de l'anonymat, consiste dans la faculté d'émettre des actions en dehors des prescriptions de droit commun, et en outre, de pouvoir se constituer après un versement moindre que celui exigé des sociétés ordinaires. Toutefois, la première prérogative concernant la division du capital, réelle sous l'empire de la loi de 1867, a disparu avec la loi du 1er août 1893 qui replace momentanément les sociétés coopératives sous la règle commune. Pour toutes les sociétés, les actions sont de 25 ou de 100 francs, selon que le capital dépasse ou non 200,000 francs. A vrai dire, les associations à capital variable n'ont plus que l'avantage de se constituer plus commodément ; on exige la souscription entière du capital et le versement du dixième, tandis que pour les autres, le versement intégral est nécessaire quand le capital est égal ou inférieur à 200,000 francs. La loi nouvelle, impatiemment attendue, abaisse le taux minimum des actions à 20 francs. Un membre du parlement a même exprimé le désir que ce taux fût encore diminué. Il a fait observer avec raison que la prospérité des coopératives (cela est surtout vrai pour les sociétés de consommation), dépend moins de l'importance du capital social que du nombre des sociétaires. La consommation s'élève bien réellement en proportion du nombre des associés et ce large mouvement d'affaires est le meilleur gage du succès. Le chiffre de 20 francs a été maintenu ; mais il n'a plus le caractère exceptionnel que lui attribuaient les auteurs du projet. L'écart est si faible entre l'exception et le droit commun, que l'on n'aperçoit plus la faveur réservée aux sociétés coopératives, en dehors du versement prescrit avant la constitution définitive.

Sous ce rapport même, le projet apporte une aggravation difficile à expliquer. Le texte de la loi de 1867 et celui du projet sont loin d'être identiques. Dans son article 51 *in fine*, la loi de 1867 dit : « la société ne sera « définitivement constituée qu'après le versement du « dixième du capital. » Pour la grande majorité des auteurs, ce texte n'impose pas à chaque souscripteur l'obligation de verser, avant toute opération, le dixième de ses actions (1). Disposant de ressources inégales, les associés ont le droit de libérer leurs parts dans des proportions différentes : les uns versent en plus ce que les

____

1. Lyon-Caen et Renault. *Précis de droit commercial*, p. 213.

autres apportent en moins, et l'on parvient quand même
à réunir, dans les limites prescrites par la loi, les fonds
nécessaires à la nouvelle institution. La pensée bienveillante qui a inspiré ce texte se dégage d'elle-même : on
veut rendre facile aux malheureux, aux plus pauvres,
l'accès de la société. Pourquoi se montrer plus exigeant
aujourd'hui et demander à chaque actionnaire le dixième
au moins de sa souscription? On a sans doute fait valoir
que la loi nouvelle impose aux membres adhérents un
droit d'entrée qui ne peut être inférieur à la somme de
2 francs ; c'est le dixième d'une action, en la supposant
émise au taux le plus faible. Or, si les portes du magasin ne sont ouvertes à l'adhérent, qui n'est point encore
associé, qu'après le payement de cette somme de 2 francs,
à plus forte raison convient-il de l'exiger de celui qui
est entré dans l'association à titre définitif. Cette considération n'a pas grande valeur et nous préférons le libéralisme moins réservé des lois étrangères. Elles permettent aux associés de fixer eux-mêmes dans les statuts le
montant des actions ; elles ne leur imposent aucun versement obligatoire au début de l'entreprise. Cependant
une exception est à signaler dans la législation allemande
(L. de 1889, art. 5 à 8) ; elle oblige les fondateurs à
indiquer la proportion des versements à faire dès le début,
sans tolérer un minimum inférieur au dixième des parts
sociales. Partout ailleurs, en Belgique, en Italie, en Suisse,
en Autriche, en Angleterre, la plus grande liberté règne
relativement à la division du capital et au mode de libération des parts souscrites. Le législateur français ne
devrait-il pas supprimer toute limite au taux des actions
et laisser aux statuts le soin d'en déterminer le montant?
On est d'autant plus fondé à solliciter cette réforme que

la constitution des sociétés ordinaires est largement aidée par la possibilité d'émettre à l'avenir des actions de 25 ou de 100 francs.

A côté des faveurs que la loi de 1867 accorde aux sociétés coopératives organisées sous la forme anonyme, il convient de mentionner les dispositions introduites pour empêcher qu'en stipulant la variabilité du capital toutes les sociétés n'arrivent à éluder les règles gênantes qui constituent le droit commun des sociétés par actions. En tête de ces mesures restrictives figurent la limitation du capital initial au chiffre de 200.000 francs et la forme nominative des actions même après leur libération complète.

La première de ces règles a été inspirée par le désir de rendre impossible l'organisation de vastes entreprises qui auraient pu capter la confiance du public par l'importance du fonds social que des retraits auraient diminué progressivement. On a voulu aussi prévenir les fraudes devenues plus faciles grâce à l'abaissement du taux des actions. Ces craintes étaient-elles fondées? Les faits se sont chargés d'en démontrer le peu de consistance. Avec les tendances actuelles, elles manquent de base et l'on a eu raison d'effacer dans la loi nouvelle cet obstacle que l'on ne rencontre pas ailleurs et qui, s'il n'a pas arrêté l'essor des sociétés de consommation, a souvent créé aux sociétés de production une entrave regrettable.

Nous comprenons mieux que la loi fasse aux sociétés un devoir de maintenir la forme nominative des actions même libérées et n'en autorise l'échange que par voie de transfert. On peut y voir une gêne à la spéculation et la condamner au même titre que la limitation du capital au début de l'entreprise. Nous avons un motif particulier d'approuver la forme nominative des actions, motif tiré du caractère propre aux sociétés qui nous occupent. A plusieurs reprises, nous avons rappelé que dans l'association coopérative les qualités personnelles des sociétaires jouent un grand rôle et doivent être prises en considération. L'une des plus remarquables conséquences de cette idée admise sans réserve, c'est le droit d'exclusion dont nous avons parlé antérieurement. Les principes auxquels obéissent les coopérateurs, aussi préoccupés du côté moral que des avantages matériels de leur œuvre, conduisent à interdire les portes de l'institution aux solliciteurs qui ne présentent pas des garanties convenables. Pour assurer le respect de ce principe n'est-il pas nécessaire d'empêcher la conversion des actions nominatives en actions au porteur et de proscrire tout mode de transmission autre que le transfert ? Si la loi ne s'était pas prononcée sur ce point, les statuts n'auraient pas manqué de soumettre à l'agrément du Conseil d'administration ou de l'assemblée générale l'admission des nouveaux membres. Quand on ne perd pas de vue ce trait essentiel des sociétés coopératives, on n'est pas embarrassé pour déterminer la portée exacte de l'article 50-3° de la loi de 1867 où nous lisons : « La négociation ne pourra « avoir lieu que par voie de transfert sur les registres de « la société. » Le texte et l'esprit de la loi conduisent à repousser tout mode de transmission en dehors du transfert. Cette interprétation n'est pas acceptée par tous les auteurs (1); les dissidents admettent, comme toujours permise, la cession au moyen des formalités édictées par le Code civil. N'est-ce pas rendre vaines les précautions

---

1. Rivière. *Commentaire de la loi de 1867*, p. 352.

prises par la loi pour maintenir les rapports d'estime et de bonne harmonie entre les éléments qui forment le personnel des sociétés? L'intention du législateur est manifeste : il a voulu empêcher l'entrée dans la société des personnes qui par leur présence seraient un danger permanent. La cession opérée selon les modes du Code civil ne conjure pas ce danger. Il faut donc la repousser en s'en tenant à l'esprit de la loi et en s'appuyant sur le texte même qui n'admet que la négociation par voie de transfert.

De l'examen auquel nous venons de nous livrer et qui nous a permis de mettre en parallèle les principales dispositions de la loi française avec les dispositions correspondantes dans les législations étrangères, il résulte que le même esprit de bienveillance à l'égard des sociétés coopératives anima les auteurs du projet de 1867 et ceux qui le votèrent. Sentant bien que ces sociétés sont en général formées de personnes disposant de ressources modestes, ils ont eu à cœur de leur donner toute facilité de se fonder avec de faibles apports, et de se développer ensuite par l'admission de nouveaux membres et l'augmentation successive du capital social ; ils leur ont permis de conserver leur caractère de sociétés de personnes, en leur ouvrant la faculté d'exclure les membres dangereux ou indignes et de soumettre les titres des aspirants à un examen préalable. La responsabilité est limitée aux apports, et si elle dure un peu plus longtemps que dans les pays voisins, elle n'a jamais provoqué de sérieuses réclamations. Dans l'enquête faite en 1883 par les soins du Ministère de l'Intérieur, on eut maintes fois l'occasion de constater que les critiques visent beaucoup moins les imperfections de détails ou lacunes de la loi de 1867 que les charges fiscales auxquelles les sociétés sont soumises, soit au début de leur constitution, soit au cours de leur fonctionnement normal. En ce qui concerne les sociétés de consommation, ces charges diverses peuvent être groupées sous les titres suivants :

1° Frais de constitution et de publication ;

2° Droit de timbre et d'enregistrement ;

3° Impôt sur le revenu ;

4° Droits de licence et autrés ;

5° Droits de patente.

Les sociétés coopératives de consommation, même civiles, sont, avons-nous dit, investies de la personnalité juridique, en vertu de la loi de 1867. Constituées sous la forme anonyme, elles revendiquent le bénéfice de l'article 33 du Code de commerce qui limite la responsabilité des associés au montant de leur intérêt. Cette prétention nous paraît fondée, et nous ne croyons pas que les tiers puissent, en droit, invoquer contre eux l'article 1863 du Code civil. Quand une association civile par la nature de son exploitation s'organise sous la forme de la commandite ou de l'anonymat, elle jouit des avantages attachés à cette forme par la loi, et notamment de la limitation apportée à la responsabilité des associés vis-à-vis des tiers. Mais, en revanche, elle doit se conformer à toutes les règles de constitution et de fonctionnement prescrites pour ces sortes de sociétés par la loi de 1867. La jurisprudence est loin d'être fixée sur cette délicate question (1) ; elle ne paraît pas admettre une aussi large application de la loi de 1867. Contrairement à sa doctrine, nous croyons que le type sur lequel la société s'est

_____

1. Dalloz, 74, 1, 441.

organisée, entraîne des conséquences nécessaires, les unes aboutissant à des formalités qu'il faut observer, et les autres engendrant certains droits qui peuvent en être considérés comme le corollaire.

Ainsi la publication de l'acte de société et le dépôt de certaines pièces, rentrent dans ces formalités auxquelles il n'est pas permis de se soustraire lors même que l'entreprise n'a pas un but commercial. La loi eût manqué de prudence si elle ne les avait pas exigées ; mais il n'était pas interdit de les rendre moins compliquées et moins onéreuses.

Les frais de constitution atteignent en moyenne 400 francs, chiffre énorme pour des sociétés de consommation qui débutent parfois avec quelques centaines de francs. En outre, les ouvriers éprouvent les plus grandes difficultés à se mouvoir au milieu des prescriptions légales et se trouvent sans cesse exposés à commettre une omission ou une erreur. Pour se convaincre des embarras qu'ils rencontrent, il suffit de parcourir les titres II et IV de la loi du 24 juillet 1867. On y verra les multiples obligations à remplir pour arriver à constituer la société et en faire connaître l'existence selon les prescriptions réglementaires. La publication entraîne le dépôt de l'acte de société aux greffes du tribunal de commerce et de la justice de paix, dans le mois de la constitution. Au pacte constitutif doit être jointe une expédition de l'acte notarié constatant la souscription entière et le versement du dixième au moins du capital social. L'intervention du notaire est donc obligatoire pour établir ces deux derniers faits : elle grossit, sans grande utilité, les frais de premier établissement. Il faut en second lieu qu'un extrait de l'acte constitutif et des pièces annexées soit publié dans un journal d'annonces légales. L'exemplaire du journal où s'est faite l'insertion est soumis à l'enregistrement. Il est donc vrai de dire que l'excès de la fiscalité détruit, en grande partie, l'effet des dispositions bienveillantes du législateur. Une réforme est vivement sollicitée depuis longtemps. La loi nouvelle introduit à cet égard d'heureuses modifications.

Le dépôt se fera au greffe de la justice de paix ou du tribunal de commerce, selon le caractère civil ou commercial de la société. Le concours du notaire ne sera plus indispensable pour constater la souscription et le premier versement du capital. Une déclaration établissant ce double fait est signée par les fondateurs et vérifiée par la première assemblée générale : elle est déposée comme l'acte constitutif. Les pièces produites en vue de satisfaire aux formalités de publication sont dispensées des droits de timbre et enregistrées gratis (art. 3, 6, 18, du projet voté en seconde lecture par la Chambre, avril 1893). L'insertion dans les journaux d'annonces légales n'est plus obligatoire.

Ces réformes ne manquent pas d'une certaine hardiesse, au moment où les sociétés coopératives sont l'objet d'attaques passionnées. En entrant dans cette voie et en se tenant dans de justes limites, le législateur facilite simplement la formation d'un genre d'association qui procure aux classes laborieuses, aux ménages d'employés vivant sur des appointements plus que modestes, une diminution sensible des frais de l'existence. Il y a un intérêt de premier ordre à multiplier ces institutions, et le législateur leur témoigne une sollicitude méritée quand il leur vient en aide et en favorise la création. Autour de nous, on a compris de bonne heure qu'il ne fallait pas arrêter l'évolution coopérative par l'excès des charges fiscales.

La loi belge du 18 mai 1873 avait d'abord, à l'exemple de la nôtre, gardé le silence sur cette question. L'omission a été réparée par la loi du 24 juin 1875 qui accorde l'exonération des droits de timbre et d'enregistrement pour tous actes relatifs à la formation des sociétés et à leur fonctionnement (art. 1er). La publication des divers actes intéressant les tiers se fait gratuitement par la voie du *Moniteur* (art. 4). Dans la loi italienne (art. 226) on retrouve à peu près les mêmes faveurs. L'Allemagne paraît s'être montrée moins généreuse ; la loi de 1889 (art. 10 et suiv.) exige le dépôt des statuts au tribunal de la circonscription qui tient un registre spécial pour les sociétés en cause. Un extrait des statuts et des modifications qui y sont apportées est publié avec les noms des administrateurs par les soins du tribunal. Dans notre loi, ces publications sont faites à la diligence des fondateurs. La réglementation allemande se distingue encore par le droit reconnu au tribunal de n'inscrire les sociétés qu'après avoir vérifié si les statuts respectent les prescriptions légales.

Le même pouvoir est attribué, en Angleterre, à un fonctionnaire spécial, au Registrar « à la fois légiste et « économiste, ayant de la pratique, bien instruit par « conséquent de la situation des sociétés ouvrières et des « lois qui les gouvernent. » Le pacte social lui est soumis et il ne l'enregistre qu'autant qu'il le trouve conforme à la loi. Le Registrar jouit d'une très grande autorité et les sociétés ouvrières voient en lui un conseil et un guide plutôt qu'un fonctionnaire chargé d'un service public.

Il est assez difficile de se prononcer sur les exemptions fiscales dont jouissent les sociétés anglaises ; l'hésitation a pour cause l'absence d'une réglementation vraiment spéciale aux sociétés coopératives. En réalité, ces sociétés sont libres de choisir entre les différentes lois qui paraissent leur offrir des commodités suffisantes. L'une d'elles régit les sociétés de secours mutuels appelées *Friendly Societies* : ce sont les seules dispensées des droits de timbre et d'enregistrement.

Dans les États limitrophes, la coopération a été envisagée comme une œuvre de relèvement social qui mérite au plus haut point la sollicitude des pouvoirs publics. Ici elle a reçu des faveurs qui contribuent à son expansion ; là on lui a donné des guides pour la diriger à travers le labyrinthe des formalités légales. Le législateur français eût fait œuvre utile en imitant cette dernière institution.

Quand elles ont franchi la passe semée d'écueils qui précède la constitution définitive, les sociétés ne sont pas encore à l'abri des embarras que le fisc peut leur susciter. La forme anonyme qui est la plus généralement adoptée implique la division du capital en actions ; c'est une source abondante de contraventions au regard de l'impôt du timbre et du droit de transmission. Les dispositions concernant le timbre se trouvent éparses dans un grand nombre de lois de finances ; elles se modifient les unes les autres, et il faut une compétence assez rare en ces matières pour les coordonner et en dégager ce qui en subsiste à l'heure actuelle.

Chaque titre ou certificat d'action est soumis par la loi du 5 juin 1850 à un droit de timbre proportionnel de 1 franc par 100 francs, réduit à 50 centimes pour les sociétés dont la durée n'excède pas dix ans (art. 14 et s.). Le paiement immédiat peut être remplacé par un abonnement fixé à 5 centimes par 100 francs. Ces divers droits ont été augmentés du double décime établi par la loi du 23 juin 1871.

L'oubli des dispositions qui précèdent expose à des amendes de quotité variable.

Le transfert des actions entraîne, à la charge de la société, le payement d'un droit de mutation au taux de 50 centimes par cent francs. Encore faut-il que la cession puisse s'opérer au moyen d'une inscription sur un registre spécial de la société; car, s'il en est autrement, le droit est converti en une taxe annuelle très onéreuse puisqu'elle est de 20 centimes sur la totalité du capital. La société est obligée d'en faire l'avance et elle la recouvre sur les actionnaires sous forme d'une retenue opérée sur les dividendes.

Une amende de cent francs à cinq mille francs sert de sanction aux dispositions qui précèdent (L. du 23 juin 1857, art. 10).

Si gênantes qu'elles soient, ces formalités ont été maintenues par le projet de loi nouvelle. Une réforme générale de l'impôt que tout le monde désire, pourra seule apporter, en cette matière si compliquée, d'utiles améliorations. Parmi les législations étrangères, la loi belge est la seule, à notre connaissance, qui exempte les actions du timbre et de l'enregistrement (art. 99).

La troisième catégorie des difficultés rencontrées par les sociétés coopératives au point de vue fiscal vient d'une interprétation trop rigoureuse de la loi du 29 juin 1872. Cette loi a créé un impôt de 3 pour 100 (4 pour 100 depuis la loi du 26 décembre 1890), sur les intérêts, dividendes, et tous autres produits des actions de toute nature. D'après le ministère des finances, elle s'appliquait même aux sociétés de consommation. Par suite, celles-ci devaient, sous peine d'une amende de 100 à 1.000 francs, déposer au bureau de l'enregistrement, dans un délai de vingt jours, les documents propres à établir le montant des répartitions à titre d'intérêts ou de dividende. C'est en vain qu'elles ont protesté contre l'application de cette loi de 1872. C'est en vain qu'elles ont fait remarquer que les excédents distribués aux sociétaires en fin d'année ne sont pas un véritable bénéfice, mais bien plutôt une simple restitution des sommes reçues en trop, conséquence des prix de vente fixés à dessein au-dessus des prix coûtants. Ces réclamations n'ont pas été accueillies. Malgré la bienveillance manifeste de son auteur, la loi du 1er décembre 1875 n'apporta aucun changement. Elle déclarait bien que la loi du 29 juin 1872 ne s'appliquait pas aux sociétés, dites de coopération ; mais l'exception était rendue illusoire par les termes équivoques qui la consacraient ; car elle ne visait que les associations « formées exclusive- « ment entre ouvriers et artisans. » L'interprétation donnée par l'enregistrement fut telle que bien peu de sociétés pouvaient prétendre aux avantages de la nouvelle loi. Aussi, pour ne pas acquitter un impôt qui leur semblait illégal, les sociétés demandèrent aux tribunaux de les déclarer exemptes de la taxe sur le revenu des valeurs mobilières. Cette prétention fut écartée par la Cour Suprême : dans plusieurs arrêts, elle posa le principe que l'impôt sur le revenu atteint sans exception toutes les actions ou parts d'intérêts dans toute société civile ou commerciale (1).

Cette doctrine sévère réduisait à néant l'œuvre du

1. Dalloz, 1875, 1, 348. — 1879, 1, 229 ; 1879, 1, 293.

législateur de 1875 ; elle fut condamnée par la loi de finances des 28 et 29 décembre 1875, dont l'article 3 porte : « l'impôt établi par la loi du 29 juin 1872... sera « payé par toutes les sociétés dans lesquelles lës produits « ne doivent pas être distribués en tout ou en partie « entre leurs membres. » La rédaction de l'article n'est pas très heureuse : elle manque de précision et de clarté. Sous des termes ambigus se manifestait cependant l'intention d'accorder aux sociétés coopératives l'exemption de l'impôt; elles remplissent les conditions exigées quand elles ne vendent pas au public. Le fisc se retrancha derrière l'interprétation littérale et il mit en opposition les mots « produits » et « actions ». Il fallut toute l'énergie et la savante dialectique des défenseurs de la coopération pour faire admettre une distinction absolument rationnelle, entre les revenus servis au capital social, et les bonis distribués aux acheteurs à titre de restitution ou versés au fonds de réserve. Les excédents de recettes obtenus par les sociétés de consommation reçoivent, en effet, un double emploi. Une partie est consacrée à la rémunération du capital mis au service de l'entreprise. L'intérêt ou dividende attribué dans ce cas, est bien pour le propriétaire du capital un revenu ou produit dans le sens que lui donne le législateur de 1872 ; il est donc légitimement frappé de l'impôt sur le revenu des valeurs mobilières.

L'autre partie reçoit une destination toute différente : elle est répartie entre les consommateurs proportionnellement à leurs achats. Elle ne saurait être envisagée comme un revenu : c'est un remboursement motivé par ce fait que la société n'ayant pas un caractère de spéculation et ne cherchant pas à réaliser des bénéfices pour son propre compte, restitue aux acheteurs les profits occasionnés par l'écart entre le prix de revient et le prix de vente. Pour la société, le résultat ne diffère pas de celui qu'elle aurait obtenu en cédant les marchandises à un prix tel que les bénéfices eussent simplement couvert les frais généraux et la juste rétribution due au capital.

Pourquoi ce système de vente n'est-il pas pratiqué ? Nous en avons exposé les inconvénients et nous rappelons que la vente à prix coûtant donne de médiocres résultats sous le rapport de l'épargne et de la prévoyance. Les sociétés qui l'adoptent sont justement critiquées, car elles n'aboutissent souvent qu'à des avantages d'ordre matériel et leur influence au point de vue moral est fort restreinte.

Ces arguments ont fini par convaincre l'administration de l'enregistrement ; elle consent, en principe, à limiter la perception de l'impôt à l'intérêt des actions ou parts sociales. Mais, en l'absence d'instructions nettes et précises, certaines sociétés se voient réclamer, et dans leur ignorance, consentent à payer la taxe sur la totalité des excédents répartis entre les sociétaires. Il est donc utile de déterminer les droits exacts du Trésor ; la loi nouvelle en fixe les justes limites en consacrant la distinction exposée plus haut (Sénat, 1893, p. 1378).

Cette solution n'a rien qui puisse froisser nos tendances égalitaires, parce qu'elle ne crée pas un privilège et qu'elle ne viole point le principe fondamental de l'égalité de tous devant l'impôt. Ce n'est pas une faveur que la loi accorde ; elle maintient le droit commun, mais sans laisser de place à l'équivoque. Elle ne saurait donc encourir le reproche d'avoir introduit dans notre régime fiscal des exemptions injustifiées. D'ailleurs elle a été dépassée, en générosité, par les lois anglaise et autrichienne, qui exonèrent complètement les sociétés coopératives de la taxe sur le revenu (1). Il eût été imprudent d'aller jusque-là, en présence des protestations que soulèvent les progrès de la nouvelle organisation économique. Mais c'était justice de reconnaître un droit incontestable et de le mettre à l'abri de toute controverse pour l'avenir. Assurer le respect d'un droit, ce n'est point créer un privilège.

Les impôts sur les boissons n'ont point suscité moins d'embarras aux sociétés de consommation que la taxe sur les valeurs mobilières. La loi du 28 avril 1816 qui a établi ces impôts n'avait certainement pu prévoir que, cinquante ans plus tard, des associations se formeraient entre citoyens pour acheter en commun et se partager ensuite les liquides nécessaires à leur consommation ; si elle l'avait prévu, il est probable qu'elle leur eût réservé un traitement spécial. Faute de s'être prononcée sur ce point elle a permis à la Cour de cassation de déclarer, dans un arrêt du 20 juin 1873, que les sociétés coopératives doivent être assimilées aux débitants ou marchands ordinaires et que par conséquent elles sont soumises aux mêmes prescriptions. A la suite de cet arrêt, elles ont été assujetties à la déclaration préalable, à la licence et aux droits de détails dans les communes et villes non rédimées. La jurisprudence est demeurée inflexible ; elle a ainsi méconnu une fois de plus le vrai caractère des sociétés de consommation absolument étrangères aux idées de lucre et de bénéfices commerciaux. Cette question n'offre plus qu'un intérêt secondaire en présence des réfor-

1. Hubert-Valleroux. *Les diverses législations de l'Europe*, p. 19 et 32,

mes qui sont à la veille d'aboutir et qui modifieront de fond en comble cette législation compliquée. Elles seront peut-être votées avant la loi sur les sociétés coopératives qui, par excès de prévoyance, accorde l'exemption des droits de licence.

Enfin la patente a été la source de difficultés nombreuses. Sur ce point, la jurisprudence a beaucoup varié; il était nécessaire de poser des règles précises. Nous nous sommes expliqué précédemment sur cette question.

Ce résumé succinct de la législation fiscale en montre le caractère variable et incertain. La loi nouvelle réalise, sous ce rapport, d'utiles améliorations, sans faire échec au grand principe de l'égalité devant l'impôt. Notre tarification douanière protège les intérêts agricoles et industriels. Par une juste réciprocité, il est équitable de fournir aux consommateurs le moyen d'améliorer la situation désavantageuse qui leur est faite, en facilitant la création et le développement des sociétés coopératives. C'est le contre-poids logique d'un régime protectionniste vraiment exagéré.

Le libéralisme du projet de loi est loin d'être excessif ; car le bénéfice des dispositions nouvelles est subordonné au respect absolu des règles posées pour l'organisation et le fonctionnement des sociétés. A celles qui ne veulent ou ne peuvent pas s'y soumettre, la loi de 1867 continue d'être applicable : le titre concernant les sociétés à capital variable n'est nullement abrogé par le projet de la Chambre ou du Sénat. Aucun doute n'est possible après la déclaration formelle du rapporteur au cours de la discussion (Ch. des Députés, 26 avril 1893, p. 1225). Certaines réformes opérées par la nouvelle loi et réservées exclusivement aux sociétés dont les statuts en reproduisent les dispositions, auraient dû être étendues à toutes les sociétés coopératives dignes d'une égale bienveillance. C'est une lacune regrettable qu'il est facile de combler avant le vote définitif.

Si la législation actuelle est très susceptible d'être amendée, il n'en faut pas conclure cependant que si la coopération n'a pas encore pris en France une grande expansion, c'est à cause des obstacles qu'elle a rencontrés dans la loi. Peu de sociétés ont été vraiment arrêtées, soit dans leur constitution, soit dans leur fonctionnement, par les difficultés d'ordre législatif. Quelques dispositions sont peu commodes, onéreuses même ; elles n'ont pourtant pas empêché d'assez nombreuses institutions de prendre un grand développement et de parvenir à un haut degré de prospérité. Les avantages de la loi ont une action moins puissante sur le progrès des œuvres coopératives que le bon vouloir, l'esprit de suite et de discipline sans lesquels le succès n'est jamais durable. Les réformes sollicitées ont trouvé place, en grande partie, dans le projet soumis aux Chambres, et dont nous avons fait connaître les points essentiels. Quand il aura force de loi, la coopération française n'aura plus à envier la législation des pays voisins. Débarrassée des obstacles qui venaient de ce côté, elle pourra poursuivre sa voie plus librement. Nous devons maintenant rechercher le but vers lequel il convient de diriger les efforts des coopérateurs.

CHAPITRE IV

BUT ET AVENIR DE LA COOPÉRATION.

Nous avons étudié la marche suivie et les principes mis en œuvre par les sociétés coopératives de consommation, ainsi que leur situation au point de vue légal. Selon l'expression du regretté M. Maze, l'organisation coopérative n'est que l'application du grand principe de la mutualité à la fécondité duquel tout le monde est prêt à rendre hommage aujourd'hui, Les résultats obtenus attirent de plus en plus sur elle l'attention des économistes et des hommes d'Etat. Les sentiments de défiance qu'ont soulevés, en France tout au moins, les premières associations fondées sur ce principe, se sont peu à peu dissipés, parce que l'on a dû se convaincre qu'elles poursuivent pacifiquement l'amélioration des classes laborieuses, en leur inspirant des idées de prévoyance, l'amour de la famille et le respect de la propriété. Elles n'ont en effet rien de commun avec ces dangereuses doctrines qui, sous des noms divers, socialisme, collectivisme, etc., font bon marché de la liberté de chacun et tarissent la source de l'activité et de la richesse. Il n'y a donc pas à s'effrayer du mouvement qui pousse la démocratie vers l'organisation coopérative ; car il introduit au sein de la société troublée des éléments d'ordre et de stabilité ; il prépare la réconciliation des deux éléments hostiles, le capital et le travail.

Au Congrès coopératif d'Oldham, en 1885, sir Lloyd Jones en donnait l'assurance en ces termes : « Ceux qui « se sont mis à la tête du mouvement n'ont pas essayé « de faire croire aux déshérités qu'ils devaient être con-« tents de leur sort. Bien au contraire : ils ont cherché « à exciter leur mécontentement non pas contre les hom-« mes, ni les différentes classes de la société, mais con-« tre certains faits sociaux, contre certaines habitudes « commerciales, auxquels il semble nécessaire de porter « de justes et prompts remèdes. » Il ajoutait : « pour « que nos aspirations se réalisent, l'union et la paix sont « nécessaires. »

D'ailleurs nul ne songe plus à contester l'utilité évidente des sociétés coopératives dans les différentes branches qu'elles ont abordées, et, en particulier, dans le domaine de la consommation. Personne n'en méconnaît les avantages au point de vue de l'économie et de la prévoyance. Mais les dissentiments éclatent quand il s'agit de formuler pour elles un programme d'action, d'assigner nettement le but vers lequel doivent tendre les efforts des coopérateurs. Les uns voient dans la coopération un moyen de transformer, de la façon la plus heureuse, notre état social ; les autres l'enferment dans des limites infiniment plus étroites et lui dénient le pouvoir d'opérer, au point de vue économique, la réforme de l'organisation actuelle. C'est surtout la coopération en vue de la production qui est l'objet des controverses les plus vives. Avant d'examiner cette question, délicate entre toutes, il est nécessaire de rechercher d'abord les résultats auxquels peuvent aboutir les coopératives de consommation.

Ces institutions, nous l'avons vu, permettent aux familles de réduire leurs dépenses tout en vivant mieux et de faire, dans leur étroit budget, l'économie de ce que les intermédiaires prélevaient sur elles. En dehors de ce résultat purement matériel, elles se recommandent par leur action moralisatrice : elles habituent à l'épargne, propagent les œuvres de prévoyance et contribuent ainsi à accroître le bien-être et la sécurité du travailleur. Elles élèvent le niveau moral et intellectuel de leurs membres, les familiarisent avec la pratique des opérations commerciales et font naître entre eux des rapports d'estime et d'affection, en développant l'esprit de solidarité.

On peut se demander si l'organisation, capable de produire ces excellents fruits, est destinée seulement à grouper les natures d'élite chez qui se rencontrent les vertus essentielles au succès de l'œuvre : l'ordre, l'économie, la moralité ; ou bien si elle ne prépare pas, dans l'industrie commerciale, une transformation analogue à celle qu'a subie l'industrie manufacturière. Nous sommes assez porté à croire que le commerce individuel, disposant de ressources restreintes en personnel et en capital, faisant payer ses services trop cher, est appelé à céder la place au grand commerce anonyme et collectif. C'est vers cette forme nouvelle de l'échange que se produit l'évolution économique : le système actuel des grands magasins n'en est pas le dernier terme : ce n'est qu'une étape qui conduit à l'organisation basée sur l'entente générale, l'association des consommateurs.

Au début de cette étude, nous nous sommes efforcé

de dégager les phrases diverses qu'a traversées le régime commercial et nous avons pu constater que, depuis un quart de siècle, il s'acheminait vers une méthode visant à réduire le nombre des intermédiaires. Cette combinaison qui réalise un véritable progrès sur les procédés antérieurs doit-elle être considérée comme la forme définitive? Sans trop de présomption, il est permis de soutenir que la société coopérative de consommation est l'étape du lendemain et que cette nouvelle étape sera peut-être franchie dans un avenir peu éloigné. A son origine, le mouvement coopératif a eu pour but de remédier aux mêmes inconvénients que cherchent à supprimer les organisateurs des grands magasins.

Le point de départ est presque identique, puisque les deux systèmes poursuivent la réduction du prix de revient des produits par l'abaissement des frais généraux et par le rapprochement du producteur et du consommateur. Tous deux s'efforcent en même temps de ramener la probité dans les échanges, en faisant disparaître les fraudes et les abus que tout le monde déplore. Le petit commerce a tant de défauts notoires qu'il soulève les critiques les plus justifiées sur le renchérissement des marchandises et sur le gaspillage qu'entraîne le développement exagéré des magasins de détail. Aujourd'hui la statistique relève une proportion vraiment inquiétante entre le nombre des commerçants et le chiffre de la population : elle accuse 10 commerçants pour 100 habitants (1). Le commerce n'est cependant pas soustrait aux lois qui régissent les autres branches de l'activité humaine ; il est entraîné vers l'exploitation en grand aussi bien que les mines, les trans-

1. *Le monde économique*, 15 février 1893, p. 199.

ports, les banques et l'industrie manufacturière. D'ailleurs, à moins de nier la loi du progrès, il n'en pourrait être autrement; l'ancienne forme du commerce de détail n'est pas assez parfaite pour demeurer immuable au milieu des changements qui se produisent autour d'elle. Ses procédés routiniers ne répondent plus aux besoins nouveaux. Une autre méthode s'impose comme complément nécessaire de la nouvelle organisation industrielle et économique.

« A une industrie qui concentre les capitaux, emploie
« les machines, divise à l'infini le travail, il faut un com-
« merce puissant, capable de lui ouvrir de larges débou-
« chés. Réduire le nombre des intermédiaires, entrer en
« relations directes avec la consommation, abaisser au
« minimum le prix du service commercial qui, sans ces
« conditions, deviendrait parasitaire, tel est le but : l'at-
« teindre, c'est satisfaire l'intérêt de tous, producteurs et
« consommateurs. Si respectables que soient, à certains
« égards, les plaintes du petit commerce, elles ne sau-
« raient être écoutées ; car il n'est aucunement nécessaire
« que la France paie les fonctions économiques plus cher
« qu'elles ne valent (1) ».

Il est naturel que le petit commerce, menacé d'une concurrence redoutable, fasse entendre des récriminations. Le grand changement économique qui se prépare ne s'opèrera pas sans causer quelques souffrances. Mais au-dessus des intérêts privés se place l'intérêt social. C'est en vain d'ailleurs que l'on chercherait, par des mesures plus ou moins arbitraires, à enrayer le mouvement; il reprendrait bientôt sa marche un instant ralentie et devien-

1. *Op. cit.*, 15 févr. 1893, p. 139.

drait, pour ce motif, plus rapide, plus accentué et peut-être aussi plus dangereux pour ceux qui auraient tenté de lui opposer une résistance inutile.

L'ancienne forme commerciale, avec ses multiples intermédiaires, est donc appelée à disparaître dans un avenir plus ou moins prochain; elle sera remplacée par une forme supérieure qui assurera mieux aux consommateurs la satisfaction de leurs besoins divers. Elle se révèle, depuis un quart de siècle, pour qui observe le nombre croissant des grands magasins dans les principales villes de la France et de l'étranger. Avant qu'elle ait atteint son complet développement, elle est déjà sur le point d'être distancée par l'organisation coopérative. Aux progrès merveilleux de nos grands établissements parisiens, le Louvre et le Bon Marché, qui sont les premiers du monde, on peut déjà opposer ceux des magasins de gros de Manchester et de Glasgow, et de l'association des fonctionnaires civils ou militaires de Londres. Ces puissantes maisons d'approvisionnement se ressemblent par l'importance de leurs installations et le chiffre énorme de leurs affaires. Mais la supériorité appartient aux magasins coopératifs.

L'achat à la source même des produits et un débit considérable permettent aux établissements commerciaux de faire profiter leurs clients d'une sérieuse réduction dans les prix de vente. Mais il est possible de faire mieux et ce dernier progrès est réalisé par l'association coopérative dans laquelle le marchand disparaît : il n'y a plus que des clients consommateurs auxquels sont attribués tous les profits de l'entreprise. Cette seconde organisation, préférable à la précédente, nous paraît marquer la nouvelle étape de l'évolution commerciale, parce que mieux que toute autre, elle répond aux aspirations de la société moderne. Les progrès de la civilisation ont excité de plus en plus le désir du bien-être. Pour le satisfaire, il faut compter beaucoup moins sur l'augmentation progressive des salaires et des revenus que sur les procédés capables de réduire le prix des choses nécessaires à la vie. Or, ce résultat, l'union seule des consommateurs peut le donner. Les essais tentés en France et surtout en Angleterre en fournissent la démonstration.

Ce n'est pas l'unique cause pour laquelle la coopération nous semble destinée à remplacer le régime des grands magasins et à conquérir la plus grande partie du domaine actuel de l'industrie commerciale. Pour beaucoup de produits qui forment la base de la consommation, les grands magasins ne sauraient que difficilement entrer en lutte avec les petits magasins de détail. Ces derniers conservent une supériorité qui tient à ce que les denrées alimentaires, que l'on achète au jour le jour, ne sauraient être demandées à des magasins éloignés : le marchand le plus rapproché aura toujours la préférence. Il faut aussi considérer l'impossibilité où se trouvent nombre de consommateurs de faire des provisions d'avance et de les tirer des entrepôts situés à une trop grande distance de leur domicile. La nature délicate de certains produits, la difficulté de les conserver, l'impossibilité pour les ménages pauvres de former des réserves, voilà autant de causes qui, dans le domaine de l'alimentation, empêcheront toujours les grandes entreprises d'arriver à la suppression complète des détaillants. Or, si l'on réfléchit qu'il s'agit là de denrées de première nécessité, à l'égard desquelles se pratiquent surtout les falsifications, les mensonges commerciaux, la spéculation éhontée, on arrive fatalement à cette conclusion qu'une réforme est nécessaire parce que l'organisation actuelle est incapable de sauvegarder les intérêts légitimes du consommateur.

Les bienfaits espérés de la concurrence disparaissent, le plus souvent, devant le monopole de fait que les marchands savent organiser à leur profit. Par une coalition qui échappe peut-être, depuis la loi du 21 mars 1884, à la sanction de l'article 419 du Code pénal, ils établissent la fixité des prix de vente, sans souci des variations favorables que subissent les cours et dont les consommateurs ne profitent jamais. En veut-on une preuve toute récente ? A la suite d'une sécheresse exceptionnelle, le bétail s'est vendu à vil prix au cours de l'année 1893, néanmoins les bouchers ont maintenu leurs anciens tarifs. Voici comment un savant professeur d'économie politique apprécie les motifs invoqués par ces peu scrupuleux marchands.

« Chose remarquable, chose monstrueuse, dans ces
« explications un fait est toujours reconnu, expressément
« ou tacitement, à savoir que les bouchers ont un prix
« arrêté entre eux, qu'ils ne se font entre eux aucune
« concurrence et que le consommateur est obligé de
« subir leurs prix et conditions de vente. Coalition, syn-
« dicat, monopole d'un objet de première nécessité, de
« nécessité immédiate, voilà ce que les bouchers ont fait,
« et voilà ce qu'ils avouent (1). » Il ne serait pas difficile de démontrer que les mêmes manœuvres blâmables sont pratiquées par le syndicat des boulangers, des épiciers et autres intermédiaires.

Les sociétés coopératives permettent de déjouer ces coalitions déloyales et d'opposer au syndicat des mar-

1. *Emancipation*, 15 août 1893, p. 122.

chands le syndicat des consommateurs. Elles apparaissent au moment voulu pour fournir aux consommateurs
le moyen de reconquérir leur indépendance et de secouer
le joug intolérable de leurs oppresseurs. Comme on l'a
judicieusement fait remarquer (1), il n'a pas été nécessaire de les inventer ; elles sont le fruit d'une évolution
spontanée. Les vices du monopole légal devaient fatalement conduire au régime de la libre concurrence. Quand
la liberté menace, à son tour, de reconstituer le monopole ou quand elle produit la fraude et le mensonge, elle
provoque de justes représailles et prépare l'avènement
d'une organisation plus sincère et plus loyale. Les mêmes
causes produisent partout les mêmes effets. En Angleterre, en Allemagne, en Belgique, en Suisse, aussi bien
qu'en France, s'affirment les mêmes idées d'indépendance
à l'égard du commerce. On le veut honnête, on veut qu'il
soit le serviteur de la consommation au lieu d'en être le
maître. Ce résultat, on peut l'obtenir par la puissance
des consommateurs réunis. La coopération, produit
d'une loi naturelle, et non pas œuvre d'une imagination
féconde ou d'un généreux dévouement, constitue une
force capable de détruire les abus engendrés par la pratique commerciale et de faire bénéficier le producteur et
le consommateur des progrès réalisés par la science moderne et la civilisation. Avec l'ordre économique actuel,
on aperçoit une chaîne plus ou moins longue d'intermédiaires qui servent de trait d'union entre le producteur et
le consommateur : à chaque extrémité se trouve toujours
un industriel qui vend bon marché et un consommateur
qui paye cher. N'est-il pas possible de supprimer quelques

1. Ch. Gide, *Congrès coopératif de* 1889, p. 21.

anneaux de cette chaîne? N'est-il pas logique même de tenter cette réforme? Dans une sphère relativement restreinte, les organisateurs des grands magasins l'ont heureusement accomplie. Mais combien de produits de consommation journalière sont restés étrangers à ce nouveau mode d'échange. Il ne satisfait donc pas d'une manière complète les besoins de la société moderne. « Les grands « magasins ne sont dans l'organisation commerciale « qu'une forme transitoire qui prépare la forme coopéra- « tive. » Le directeur de l'une de ces puissantes maisons en a lui-même fait l'aveu : « nous conduisons directe- « ment aux sociétés coopératives ; quand elles auront « grandi, nous n'aurons qu'à mourir (1) ». Ce qui vient à l'appui de ce témoignage, c'est que les grands magasins et les institutions coopératives inspirent aux détaillants la même frayeur et soulèvent, de leur part, les mêmes réclamations.

Les sociétés coopératives de consommation peuvent donc être envisagées comme le meilleur organe qui puisse assurer la circulation des richesses appelées à satisfaire les besoins de la vie physique. Par elles, en effet, il deviendra possible de réduire au minimum les frais généraux, de les répartir sur un chiffre d'affaires considérable, et enfin d'abaisser au minimum le prix du service commercial. Mais ce n'est pas en restant isolées, incohérentes, que les associations coopératives opèreront cette pacifique révolution. Pour remplir la haute fonction économique et sociale que l'avenir leur réserve, elles doivent prendre un développement en rapport avec l'importance du but à atteindre. Le moyen consiste dans la

1. *Op. cit.*, 15 mai 1893, p. 68.

fédération des sociétés. En Angleterre, le groupement a produit les deux puissants magasins ou wholesales qui font la fortune et contribuent aux progrès incessants des institutions coopératives. L'exemple de l'Angleterre a été suivi dans presque tous les autres pays de l'Europe. La France possède aujourd'hui un syndicat des sociétés de consommation et un magasin de gros coopératif. Ce dernier organe est en mesure de faire à propos et dans les conditions les plus satisfaisantes, d'immenses achats de produits qu'il répartit au meilleur compte entre 'es sociétés fédérées; l'étendue de sa clientèle et le chiffre des affaires qu'il traite le mettent à même de suivre les procédés que les grands magasins emploient avec tant de succès. Comme eux, il profite du rabais qu'obtient toujours celui qui s'adresse au producteur même et lui procure un courant d'affaires permanent. Le magasin de gros remplit ainsi vis-à-vis des sociétés le rôle que celles-ci jouent à l'égard de leurs sociétaires ; il n'est point pour elle un intermédiaire faisant payer ses services plus ou moins cher, puisque les bénéfices qu'il réalise reviennent aux sociétés en proportion de leurs achats.

On ne recourt à ce commissionnaire qu'autant que son entremise est avantageuse : elle cesse de l'être quand une société est assez puissante pour acheter directement, au plus bas prix, les produits qui alimentent son magasin. Il est bon d'ailleurs que les associations fassent preuve d'initiative et s'exercent ainsi au maniement des affaires. Tous les objets et matières de consommation ne sont pas nécessairement demandés au magasin de gros : beaucoup de produits alimentaires, le blé, le pain, la viande, le vin, etc., peuvent parvenir directement du producteur au consommateur par une entente déjà préparée et que le temps achèvera entre les syndicats agricoles et les sociétés de consommation. Le rapprochement de ces deux groupes d'institutions est inévitable ; car ils sont unis par les liens d'une commune origine, par la similitude des intérêts et du but poursuivi. Approvisionnées par le magasin de gros, central ou régional, et par les syndicats agricoles, les sociétés de consommation suppriment les intermédiaires inutiles, et ne séparent le producteur du consommateur que par les organes indispensables au fonctionnement du nouveau mécanisme des échanges. Avec le groupement, l'instruction et l'éducation largement répandues, elles semblent armées suffisamment pour entreprendre la conquête du commerce. Est-ce trop présumer de leur puissance? Les uns président un échec certain ; les autres font entrevoir une perspective autrement brillante : ils estiment que cette forme nouvelle d'association est appelée à transformer, dans son ensemble, l'ordre économique actuel.

Après avoir constaté les remarquables progrès des coopératives de consommation, M. Brelay arrive à cette conclusion : « Les boutiquiers sont furieux contre ces éta-
« blissements qui leur enlèvent une partie notable de
« leur clientèle, font connaître leurs bénéfices vrais ou
« occultes, emploient à moins de frais qu'eux, leurs
« meilleurs moyens d'action et les menacent sérieuse-
« ment pour l'avenir dans leur rôle d'intermédiaires.
« Comme consommateur, je penche naturellement du côté
« de mes confrères, mais je suis loin de croire à la
« prompte et complète disparition du commerce indivi-
« duel (1). » M. Fougerousse, dont on apprécie la haute

1. Brelay. Les *sociétés coopératives*, 1881.

compétence en ces matières, se montre encore plus réservé : « La coopération de consommation est très pros-
« père tant qu'elle reste exactement dans son rôle, c'est-
« à-dire dans la distribution des denrées faciles à répar-
« tir ; dès qu'elle touche à une distribution plus difficile,
« telle que celle de la viande, elle subit des échecs fré-
« quents (1). »

Dans un article consacré à l'étude des grands magasins, l'auteur exprime une opinion à peu près semblable ;
il ne croit pas à la suprématie du système coopératif sur
le terrain des échanges (2). Tel est aussi l'avis de M. Gru-
ner dans une étude récente publiée par la *Réforme
sociale* (3). Il rend d'abord justice aux organisateurs des
sociétés de consommation. Ces sociétés, écrit-il, sont
nombreuses et beaucoup sont prospères ; fondées en vue
de mettre plus économiquement des produits meilleurs à
la disposition des consommateurs, en supprimant tous les
rouages intermédiaires, elles ont rendu et semblent appelées à rendre, d'année en année, des services plus grands
et mieux appréciés. Puis il critique l'ambition de certaines entreprises. Le commerce d'épicerie a été productif :
on veut aller plus loin ; on veut acheter du bétail sur
pied, l'abattre et créer une boucherie. L'organisation des
boulangeries et des minoteries est réputée aussi périlleuse. Le « domaine indiscutable » de la coopération se
trouve dès lors nettement délimité. Les associations doivent se borner à la vente des produits simples, qui ne
laissent ni produits secondaires ni déchets et qui restent
marchands un temps suffisant.

1. Rapport sur l'exposition d'économie sociale, 1889.
2. *Economiste français*, 1891, p. 457 et suiv.
3. *Réforme sociale*, 1890, p. 577.

M. de Molinari se montre plus dédaigneux encore, puisque, dans son ouvrage sur l'*Évolution économique au XIXᵉ siècle*, les sociétés coopératives ne figurent pas parmi les institutions appelées à perfectionner le mécanisme de la distribution et de la consommation (1).

On n'admet pas qu'elles puissent généraliser une méthode commerciale supérieure au système actuel. « La « véritable fonction, la seule à peu près que l'on accorde « aux sociétés coopératives de consommation, est de « servir de caisse d'épargne pour la classe ouvrière « ou de la protéger contre les falsifications des den- « rées. »

Avec M. Claudio Jannet, l'horizon s'élargit, sans cependant découvrir une perspective très étendue. Pour le savant économiste, la coopération des consommateurs serait le contre-poids nécessaire à l'association des capitaux ; elle empêcherait le grand magasin de tout absorber et de faire la loi à la consommation. « Si l'organisa- « tion en grands magasins du commerce de détail est « destinée à devenir prédominante de notre temps, il est « à désirer que ses avantages économiques profitent de « plus en plus aux consommateurs qui savent se grouper. « Les sociétés de consommation sont, en somme, la seule « expérimentation sociale qui ait pleinement réussi dans « ce siècle. » En Angleterre, en Allemagne, en Suisse, en Italie, en Belgique, elles constituent une des forces de la nation ; elles ont aidé dans ces pays à la formation de cette première couche de classes moyennes qui a un rôle capital à remplir dans l'organisation des peuples modernes ; à ce titre, elles méritent les sympathies et le

---

1. *Revue d'économie politique*, 1893, p. 21.

concours de tous les gens de bien, qui doivent travailler à leur expansion. « En France, conclut M. Jannet, nous « ne saurions trop exhorter nos amis à entrer dans cette « voie » (1).

De ces opinions ne se dégage pas l'annonce qu'un grand changement économique sera accompli, sur le terrain commercial, par les sociétés de consommation. Serait-ce donc une erreur d'accepter l'opinion que nous avons émise et que M. Georges Michel formule ainsi : « Déjà on peut affirmer que la société coopérative de « consommation est l'étape du lendemain et qu'elle « deviendra définitive avec la génération qui s'élève » (2) ? Ce progrès est-il chimérique? Faut-il admettre, comme on l'enseigne, que les sociétés sont aptes tout au plus à fournir les produits qui ne font que se transmettre et se diviser entre les consommateurs, qu'elles doivent s'interdire toute transformation de matières, et laisser en dehors de leur activité tout ce qui exige une conservation plus ou moins délicate? Les restrictions visent des entreprises qui, à proprement parler, appartiennent plus à l'industrie qu'au commerce, boucheries, boulangeries et minoteries. Or, les faits se chargent de démontrer que, pour être réelles, les difficultés, qui viennent de ce côté, ne sont pas invincibles. Les essais de boulangerie coopérative ont pleinement réussi en France et à l'étranger : le Vooruit de Gand, les sociétés de la Flotte, d'Angoulême, de Roubaix, présentent, sous ce rapport, une organisation modèle.

La création d'une minoterie est déjà moins simple

1. Claudio Jannet. *Socialisme d'Etat*, p. 124, 415, 420 et s.
2. *Economiste français*, 1890, 1, p. 810 et s.

parce qu'il faut s'assurer le concours d'hommes possédant des connaissances techniques peu répandues. De ce côté encore on peut triompher des obstacles et imiter les équitables de Rochdale. D'ailleurs l'expérience vient d'en être faite avec succès : à Condé, un moulin coopératif existe à côté de la boulangerie. Au congrès de Marseille, les coopérateurs du midi ont demandé l'installation d'une minoterie assez puissamment outillée pour fournir la farine nécessaire aux boulangeries de la région ; ils se jugent capables de mener à bien cette entreprise.

Les coopératives de boucherie se heurtent à des obstacles plus sérieux; elles ne sont cependant pas toujours vouées à l'insuccès : nous en avons fourni la preuve antérieurement.

D'ailleurs il faut reconnaître aux magasins coopératifs la possibilité d'offrir à leur clientèle tous les produits alimentaires dont elle a besoin et qui s'achètent au jour le jour. Sans cela, le consommateur ne peut secouer le joug de l'intermédiaire le plus exigeant et le moins scrupuleux; il ne trouve pas dans l'association tous les avantages matériels qu'il est en droit d'en attendre.

Dans la lutte entreprise contre le commerce de détail, les sociétés coopératives ne font qu'user de la liberté; si elles restent fidèles à la saine doctrine, elles n'emploient contre leurs adversaires que des armes loyales : la sincérité dans la mesure, la pureté des denrées, la qualité exceptionnellement bonne de tous les articles. La conquête sera lente et il ne faut pas trop s'en plaindre, parce que cette lenteur remédiera aux inconvénients d'un changement trop brusque; mais, pour nous, elle est certaine.

Dans la pratique des échanges, les sociétés coopératives parviennent à réaliser d'importants bénéfices, à la condition de suivre le système de Rochdale, c'est-à-dire de céder les marchandises au prix du détail. C'est à l'occasion de ces profits que s'élèvent les controverses les plus vives sur le but final de la coopération. Il en est qui l'envisagent comme un moyen de fonder des institutions de prévoyance, sociétés de secours mutuels, caisses d'épargne, caisses de retraites ou d'assurances. A leurs yeux, elle est un remède efficace contre les trois fléaux qui d'ordinaire causent la ruine du travailleur, le chômage, la maladie et l'invalidité.

D'autres lui assignent une destinée plus séduisante. A la suite des pionniers de Rochdale, ils voient, dans la coopération, un moyen d'émancipation sociale ; ils sont convaincus qu'elle peut amener une organisation industrielle supérieure au régime économique actuel. C'est donc vers cette libératrice que doivent se tourner les regards de tous ceux qui gémissent sous le fardeau du salariat ; c'est à son complet épanouissement que doivent travailler ceux qui aspirent à une meilleure et plus équitable répartition de la richesse. Voici comment ce résultat merveilleux va se produire.

Les étapes successives de l'évolution ont été marquées depuis longtemps. Nous les trouvons indiquées dans le rapport de la délégation ouvrière à l'exposition de Vienne, en 1873. M. Paul Leroy-Beaulieu les résume et les apprécie en ces termes. « Comptant moins sur l'assistance « directe de l'Etat, les délégués comptent beaucoup sur « celle du temps. On les croirait disciples de la nouvelle « école scientifique qui a propagé la théorie de l'évolu- « tion : ce n'est pas un changement à vue qu'ils atten- « dent, c'est une lente et graduelle modification. Les pro-

« jets de réforme élaborés par les plus sages d'entre eux
« exigeraient en effet bien des années pour la transfor-
« mation sociale qu'ils désirent : constitution des sociétés
« coopératives de consommation, accumulation des béné-
« fices produits par ces sociétés coopératives de distribu-
« tion et organisation des sociétés ouvrières de produc-
« tion. Dans quelques cas, cette méthode d'évolution
« pourrait réussir si elle était pratiquée avec un esprit
« de prudence, de concorde et de persévérance. Malheu-
« reusement, toutes ces créations successives de sociétés
« de diverses natures et dont les unes sont filles ou mè-
« res des autres ne pourront pas se faire en un clin
« d'œil. La plupart des délégués ne l'ignorent pas ; aussi
« plusieurs déclarent-ils que la génération actuelle ne
« verra pas l'émancipation complète du prolétariat. » Ce
programme se rapproche beaucoup de celui qu'ont dressé
les chefs du mouvement coopératif en Angleterre et que
nous avons brièvement exposé en étudiant les institutions britanniques. Il n'est pas sans intérêt d'observer
que les ouvriers français paraissent mieux se rendre
compte de la nécessité d'un stage préalable, d'une sorte
d'apprentissage, avant d'aborder la forme d'association la
plus périlleuse tant par l'importance des capitaux à réunir que par la valeur morale exigée des futurs collabora-
teurs. Depuis un demi-siècle, l'expérience leur a démon-
tré que les sociétés de production ne sont pas la voie la
plus sûre et la plus directe pour arriver au but poursuivi,
c'est-à-dire à l'émancipation de la classe ouvrière et à la
suppression du salariat. Car la plupart des associations
qui se sont organisées directement en vue de la production ont vite succombé ou perdu de vue les principes qui
les avaient guidées au début de l'entreprise. Arrivées à

un certain degré de prospérité, elles se sont plus ou moins transformées en sociétés de petits patrons : de leurs nouveaux auxiliaires elles ont fait de simples salariés et non de véritables associés. Quel en a été le résultat? Quelques ouvriers d'élite ont pu s'élever au rang de patrons et pratiquer, pour leur propre compte, le louage des services. Cette organisation n'a donc guère contribué à la réforme si ardemment souhaitée.

Même en admettant que ces associations restent vraiment coopératives et se généralisent au point d'embrasser la plus grosse part du domaine de la production, il n'est pas certain, selon quelques économistes, qu'il y aurait lieu de se réjouir de ce progrès inattendu. Aux mains de l'association coopérative de production, l'industrie ne cesserait pas de présenter la plupart des inconvénients dont on fait grief à l'industrie centralisée par les associations capitalistes. Quel spectacle offre de nos jours l'organisation industrielle? Le voici, décrit d'une façon magistrale par l'un des plus chauds partisans de l'évolution coopérative. A la suite d'une concurrence acharnée, chacun cherche à produire plus et à meilleur marché que son rival et à prendre sa place sur le marché du monde. Il en résulte que la production prend une allure désordonnée intermittente: « tantôt elle ne produit pas assez pour les besoins, plus souvent elle produit beaucoup trop ; elle marche par saccades et par à-coups. De là, tous ces maux (car ce sont bien de véritables maladies en effet) bien connus des économistes et souvent étudiés par eux sous les noms de crises, de baisses de prix, de surproduction, de chômages » (1). La puissance de production ne profite

1. *Revue d'économie politique,* décembre 1889. *De la coopération.*

pas à la consommation, but final de tout le mécanisme économique. Car, pour conjurer dans une certaine mesure les périls que leur fait courir une excessive concurrence, les producteurs essayent de constituer des syndicats à l'aide desquels ils s'efforcent de maintenir, sinon de relever, les prix des marchandises. Cette entente a déjà produit l'accaparement bien connu des cuivres et des sucres. En présence de ces coalitions de plus en plus probables pour l'avenir, qu'il s'agisse d'entreprises coopératives ou capitalistes, y a-t-il sécurité suffisante pour le consommateur dans ces ligues qu'il forme en vue de se rapprocher du producteur? Il serait bien téméraire de le prétendre, déclare-t-on dans une certaine école. Il faut donc changer toute l'organisation économique actuelle dont les vices sont indéniables. Au lieu d'être maîtresse du marché, la production doit redevenir ce qu'elle n'aurait jamais dû cesser d'être, servante, obéissant docilement aux ordres de la consommation (1).

Le point de départ de cette réforme radicale, c'est une organisation puissante des sociétés coopératives de consommation. Dans cette doctrine, la conquête de l'industrie commerciale n'est pas mise en doute : elle constitue la première étape à franchir. Après avoir supprimé le commerce, il faut mettre les sociétés en mesure de se suffire à elles-mêmes et par conséquent d'aborder la production. Les ateliers coopératifs sont créés et pourvus de l'outillage nécessaire, à l'aide des ressources fournies par la vente des marchandises. Ainsi s'organiseront, sous la tutelle des coopératives de consommation, des manufactures de toutes sorte, fabriques de draps, confections

1. *Op. cit., loc. cit.*

de vêtements, chapelleries, cordonneries, etc. Maîtresse de l'industrie commerciale et de l'industrie manufacturière, la coopération doit achever son triomphe par la conquête de l'industrie agricole. Propriétaire de la plus grande partie du sol, elle recueillera, sur ses vastes domaines, les métaux, les bois, la houille, le blé, tous les fruits de la terre, toutes les matières premières qui alimenteront ses manufactures. « Pour tout résumer en trois « mots, dans une première étape victorieuse, faire la « conquête de l'industrie *commerciale*, dans une seconde, « celle de l'industrie *manufacturière*, dans une troisième « enfin, celle de l'industrie *agricole*, tel doit être le programme de la coopération par tout pays (1). »

Ainsi la coopération doit absorber toutes les forces productives d'un pays, et, à la place du désordre actuel, introduire un nouveau régime économique qui supprime l'antagonisme des intérêts et restitue au consommateur son véritable rôle. Produisant désormais pour son propre compte, le consommateur ne produira ni trop ni trop peu ; il n'aura s à craindre ni les fraudes, ni les prélèvements scandaleux des intermédiaires. Ce nouvel ordre de choses va réaliser du même coup l'idéal poursuivi par la classe ouvrière, l'abolition du salariat par la prise de possession des instruments de production. Les travailleurs forment le gros dans l'armée des consommateurs ; leur force dérivera du nombre. Ils n'ont pas à craindre la prépondérance du capital, parce que, dans les associations coopératives, domine un principe supérieur en vertu duquel chaque membre, riche ou pauvre, ne possède qu'un nombre limité d'actions et n'a qu'une

1. *Op. cit., loc. cit.*

seule voix dans les assemblées. Le capital ne peut ni faire la loi ni absorber la plus grosse part des profits.
« Tandis que dans l'ordre de choses actuel, c'est le capi-
« tal qui, étant propriétaire, touche les bénéfices, et c'est
« le travail qui est salarié ; dans le régime coopératif, par
« un renversement de la situation, c'est le travailleur ou
« le consommateur qui, étant propriétaire, touchera les
« bénéfices et c'est le capital qui sera réduit au rôle de
« simple salarié » (1).

Tel est l'avenir prestigieux que certains esprits entrevoient pour la coopération. Or, cette magnifique conception est sortie du domaine de la pensée pour entrer dans celui de l'expérience. En France, la coopération vient seulement de grouper ses adeptes et de leur enseigner la route à suivre. La première étape n'est pas encore franchie que déjà se manifestent des symptômes inquiétants pour l'avenir. En raison même des sentiments qui animent les coopérateurs, le personnel salarié de leurs entreprises est en droit de compter sur un large esprit de tolérance et de solidarité. Or, la puissante société de consommation française, la *Moissonneuse*, formée presque exclusivement d'ouvriers, vient de se montrer plus intolérante que certaines institutions patronales ; elle n'a pas permis à ses employés de se constituer en syndicat. Les auteurs de cette tentative, jugée trop dangereuse pour la gestion de la société, ont été révoqués par le conseil d'administration : il en est résulté une grève. Ce fait bien significatif chez des ouvriers, qui sans doute appartiennent à un syndicat professionnel,

1. *Op. cit., loc. cit.*

atteste là persistance des vues égoïstes même après une longue pratique de la coopération (1).

Voici qui est plus grave. La coopération anglaise est en marche vers l'étape industrielle ; elle a même commencé l'organisation de fermes coopératives. A côté de ses wholesales et avec l'appui de leurs ressources financières, se sont établies d'importantes usines où l'on fabrique tissus, vêtements, meubles, produits alimentaires, pour une valeur de plus de vingt millions. Le berceau de la coopération anglaise, la célèbre société de Rochdale, est depuis longtemps entrée dans la même voie : elle possède un moulin et deux filatures qui ont pris un grand développement. Quels avantages les ouvriers ont-ils retirés de la prospérité de ces établissements ? Les organisateurs ont eu le ferme désir de mettre en pratique les principes de justice qui les ont si heureusement guidés dans l'institution des magasins de vente. « Reconnaissant que les « bénéfices dérivent, d'une part, de l'emploi du capital ; « d'autre part, de l'habileté, du talent, de la bonne volonté « et des soins du travailleur, les Pionniers de Rochdale « concevaient la fondation d'industries qui admissent, en « qualité d'associé, l'ouvrier, l'homme de peine et lui « donnassent une part dans les bénéfices (2). » Or, les entreprises industrielles avaient à peine franchi la période critique des premières années de leur existence que déjà les sages principes sur lesquels était basée la rémunération du personnel étaient sérieusement battus en brèche. L'admission des travailleurs à la participation des bénéfices fut abandonnée dès l'année 1861. Devenus

1. *Revue d'économie politique*, 1893, p. 43.
2. *Histoire des Eq. Pionniers de Rochdale*, p. 68.

.iches, les coopérateurs ont oublié leur origine et renié leurs compagnons d'infortune ; ils ont rejeté le principe fécond avec lequel on avait l'espoir de créer une harmonie durable entre le capital et le travail. L'exemple de Rochdale a été suivi par les wholesales anglais. Le puissant patron coopératif de Manchester n'accorde pas aux ouvriers de ses fabriques un traitement meilleur que celui qui leur est appliqué par les associations capitalistes. Les rappels à l'ordre ne lui ont pas manqué cependant et de nombreuses propositions lui ont été présentées en vue d'associer les travailleurs aux bénéfices produits par leurs efforts. Toutes les tentatives, en faveur de cette mesure juste autant que généreuse, ont échoué malgré les vœux formulés par divers congrès et tout récemment par celui qui s'est réuni à Bristol. L'opposition est donc très vive et difficile à vaincre.

Sans doute, le salaire pur et simple n'impliqua pas par lui-même un mode de rétribution disproportionné à la valeur du concours fourni. Mais on ne voit pas le changement apporté dans la condition des travailleurs. En abandonnant les producteurs capitalistes pour louer leurs services aux sociétés de consommation, ils n'ont fait que changer de patron. Du moins ce nouveau patron se montre-t-il plus équitable que les autres ? Témoigne-t-il à ses auxiliaires une plus grande sollicitude ? En un mot l'ouvrier a-t-il gagné au change ? Le congrès de Bristol, cité tout à l'heure, s'est occupé de « la situation des employés des sociétés coopératives. » Le rapport sur cette intéressante question nous apprend que 216 sociétés privent leur personnel du demi-congé du samedi. Dans 163 sociétés, les magasins restent ouverts 85 heures par semaine. Le mal est profond, à en juger par le blâme sévère que

le congrès a infligé aux trop nombreuses institutions qui ont abandonné la voie tracée par les premiers coopérateurs. Il a déclaré que « c'est une honte pour le mouve-
« ment coopératif qu'il y ait des sociétés qui imposent à
« leurs employés un travail exagéré et leur donnent
« un salaire insuffisant. Il invite donc le Comité central
« à agir immédiatement auprès des différents centres
« régionaux pour les prier de rappeler les sociétés à leurs
« devoirs » (1). Ce traitement injuste a-t-il une apparence d'excuse dans le ralentissement des affaires ou dans le manque d'éducation coopérative? Non. La coopération n'a pas interrompu sa marche progressive : elle enregistre chaque année de nouveaux succès, marqués par l'extension des affaires et par l'adhésion de nouvelles recrues. La nécessité de l'instruction a été comprise dès le début du mouvement et d'importants sacrifices ont été consentis pour la répandre. La coopération possède des bibliothèques superbes, elle multiplie partout les réunions et les conférences. Des maîtres éminents ont mis au service de la propagande toute l'ardeur de leur conviction profonde, leur parole persuasive et leurs lumières étendues. Ce n'est donc pas sur l'ignorance de la vraie doctrine qu'il faut rejeter les abus et cette substitution de l'égoïsme corporatif à l'égoïsme individuel. Sans doute il faut donner à la semence le temps de porter ses fruits : ici elle germe avec lenteur et parfois elle est étouffée par les instincts égoïstes si difficiles à déraciner; ailleurs elle grandit plus vite et atteste promptement sa vitalité comme dans le wholesale écossais où les ouvriers voient leur salaire complété par la participation aux bénéfices. Néan-

____

1. *Émancipation*, 15 juin 1893, p. 81.

moins la difficulté de réformer la nature morale de l'homme sera toujours un sérieux obstacle à la diffusion rapide de la coopération et au maintien dans les sociétés fondées des principes qui en sont la base et la raison d'être. En Angleterre, la déviation est certaine ; de plus elle coïncide avec la prospérité de l'œuvre, ce qui inspire quelque inquiétude.

La *Moissonneuse* se montre intolérante envers son personnel ; de nombreuses sociétés anglaises, et à leur tête, les pionniers de Rochdale, le magasin de gros de Manchester font bon marché des idées de justice qu'ils avaient promis de faire prévaloir dans le domaine de l'industrie ; ils contestent aux ouvriers le droit de participer aux profits réalisés par leur travail ; ils leur refusent même un salaire équitable. Si l'esprit de tolérance et de justice ne se manifeste pas à l'égard du personnel auxiliaire, voit-on du moins se développer parmi les coopérateurs l'esprit de solidarité ?

Sur ce terrain de sérieux progrès ont été accomplis ; mais, à côté, on observe des faits assez peu encourageants. En France, par exemple, la fédération nationale n'a pas encore réussi à grouper autour d'elle la majeure partie des sociétés coopératives : le plus grand nombre se tient à l'écart et continue de vivre dans un isolement regrettable. Celles qui ont adhéré font peu d'efforts pour assurer le maintien et le fonctionnement de cette institution utile, nécessaire même. C'est avec peine qu'elles consentent au léger sacrifice qui leur est imposé : la cotisation fixée à un taux minime fournit au comité central des ressources insuffisantes et irrégulièrement versées (1).

---

1. *Revue d'économie politique*, 1893, I, p. 7.

La persistance des vues individualistes n'a pas permis non plus à la coopération de production de prendre un contact efficace avec la coopération de consommation : les deux variétés d'association sont cependant appelées à se prêter un mutuel concours et les magasins de distribution sont autant de débouchés naturels ouverts aux produits de l'industrie coopérative. Le rapprochement de ces sociétés est commandé par les mêmes raisons qui justifient l'entente désirée entre les syndicats agricoles et les coopératives de distribution. Or, au congrès de Lincoln, en 1891, on a vivement reproché aux sociétés de consommation de ne point s'approvisionner, dans la mesure du possible, auprès des sociétés de production. Le même reproche est mérité par les sociétés françaises. La solidarité est aussi imparfaite que l'a été l'idée de justice à propos de la fixation des salaires. Donc les résultats fournis par l'expérience donnent sérieusement à réfléchir : ils ne font entrevoir aucune amélioration bien évidente dans le traitement appliqué aux travailleurs ; ils laissent place au doute sur la possibilité de faire disparaître l'antagonisme des intérêts ; car il n'est pas certain que les sociétés de consommation, ayant réussi à créer des usines, à organiser des exploitations agricoles, abdiqueront toute idée d'autonomie et d'indépendance et se laisseront enrôler dans une vaste fédération qui réaliserait ce que l'on a assez exactement qualifié *de collectivisme coopératif*. Elles pourront donc se faire concurrence les unes aux autres et, dans la sphère de l'industrie, l'état économique n'aura guère changé. Supposons d'ailleurs la transformation opérée et la coopération maîtresse des forces productives. Nous allons voir dans un instant de quel esprit d'abnégation doit se pénétrer la

génération qui prépare l'avènement de ce nouvel ordre
de choses.

Sous le régime de production collective, l'intérêt privé
est sérieusement affaibli. Or, l'intérêt collectif n'est et ne
sera toujours qu'une force d'ordre secondaire, tandis que
l'intérêt privé est l'élément essentiel de l'activité humaine,
une des sources les plus fécondes où s'alimente l'énergie,
où l'on puise espérance et courage. L'application généralisée des théories coopératives que nous résumons présente sous ce rapport, quoique peut-être à un moindre
degré, les inconvénients et les dangers des doctrines col-
lectivistes ; elle ne saurait donc être envisagée comme
résolvant, d'une manière satisfaisante, le grand problème de la production des richesses ; elle est impuissante à
réaliser l'abolition du salariat, ce mirage trompeur qui
abuse la classe ouvrière.

Le salaire ne disparaît pas avec ce nouveau système
industriel, pas plus du reste qu'avec toute autre organisation parce que le travail est une loi à laquelle la grande
majorité des hommes ne peut se soustraire. Qu'importe
le nom donné à la rémunération des services rendus par
les travailleurs ? Ce qu'il faut à l'ouvrier, c'est un traitement équitable, qui lui permette de participer aux
bienfaits matériels et moraux de la civilisation. Vanter à
l'excès la suppression du salariat, c'est pousser à la haine
d'un contrat qui est loin de toujours aboutir à la spolia-
tion de l'un des contractants, de celui qui fournit son
travail. Aux trois facteurs de la production : le capital,
l'intelligence directrice et le travail, doit être accordée
une juste rétribution, proportionnelle à la valeur des
concours fournis. Cette rémunération, conforme à la justice et adéquate au service rendu, l'ouvrier peut l'obte-

nir avec le salaire pur et simple, ou bien avec le salaire complété par le droit à une part des bénéfices, ou enfin sous forme d'une quote-part des dividendes en qualité d'associé. Ces modes de rétribution comportent des combinaisons variées, et leur emploi judicieux est capable d'identifier les intérêts du patron et de ses auxiliaires. La collaboration industrielle du patron et de son personnel ne présente plus alors le spectacle affligeant des intérêts antagonistes : l'un cherchant à obtenir un maximum de travail en échange d'un minimum de salaire ; l'autre demandant un maximum de salaire contre un minimum de travail. Elle devient un organisme infiniment plus parfait où l'activité physique et intellectuelle des individus se combine dans une communauté d'efforts et où chacun participe, dans une mesure équitable, au partage de la richesse ainsi produite. C'est en s'inspirant de ce principe supérieur de justice que l'on réussira à perfectionner le mode actuel de rémunération du travail. Pour y arriver, est-il besoin d'une refonte intégrale de l'organisation économique ? Combiné avec la participation aux bénéfices, le salaire fait du travailleur un associé qui accomplit sa tâche quotidienne avec d'autant plus d'énergie et de cœur qu'il est intéressé aux résultats de la production ; il constitue un moyen puissant d'éducation ; il crée entre patrons et ouvriers des liens d'intérêt qui peu à peu se transforment en un sentiment de sympathie et préparent l'œuvre de la pacification sociale. Voilà de précieux avantages, confirmés par l'expérience de tous les jours. Est-il possible d'en obtenir de plus grands et d'arriver à un mode de répartition de la richesse presque idéal? C'est le sentiment de tous ceux qui considèrent les sociétés coopératives de production comme le

type d'une organisation rationnelle de l'industrie humaine. Dans ce genre d'association, les travailleurs mettent
en commun leur intelligence, leur activité, leurs économies ; ils recueillent en totalité les fruits de cette production collective, parce que le capital et le travail se
trouvent réunis dans les mêmes mains. Le succès exige
des qualités de premier ordre, assez rares même chez
les ouvriers d'élite. Les entreprises de cette sorte viennent d'ordinaire se briser contre trois principaux écueils.

Le premier consiste dans la difficulté de trouver de
bons gérants et de les bien rétribuer : leurs appointements exciteront toujours la jalousie des camarades
trop portés à méconnaître le rôle essentiel de l'intelligence directrice. Le second a pour cause l'évaluation des
services qui coopèrent à l'œuvre commune et qui,
pour des raisons multiples, habileté de l'ouvrier, difficulté ou dangers du travail, ne peuvent être mis sur un
pied d'égalité complète. Les ouvriers les moins rétribués
auront toujours tendance à demander le relèvement des
salaires, et s'il n'est pas possible de leur donner satisfaction, l'entente cessera vite de régner dans la compagnie.
Enfin le troisième écueil vient de l'indiscipline naturelle
des ouvriers. Or, dans l'atelier coopératif, les travailleurs
doivent s'imposer, a-t-on dit, une discipline volontaire
plus forte que celle édictée par les règlements les plus
sévères : l'obéissance aux autorités établies est une obligation à laquelle on ne peut se soustraire qu'en mettant
en péril l'existence même de l'association. Avec les vertus qu'elle exige, et les obstacles qu'elle rencontre, la
coopération de production n'est vraiment accessible
qu'aux natures d'élite. Elle suppose une éducation économique pour laquelle il faut du temps et les ouvriers sont

encore loin de comprendre ce qui est indispensable à leur réussite. Faut-il donc désespérer de l'avenir de la société coopérative de production ? Non, car ce serait dénier aux sociétés de consommation cet avantage si considérable de donner à leurs membres l'habitude de l'ordre et de l'épargne, de les initier au maniement des affaires, de leur faire acquérir de l'expérience et une certaine connaissance des questions économiques non moins désirable pour eux que pour l'ordre social. C'est grâce à cette préparation que l'on verra des ouvriers, de plus en plus nombreux, former, par leurs économies, le capital de la future entreprise, et se pénétrer de cet esprit de support mutuel et d'entente indispensable à la vie des associations. Voilà comment et dans quelles limites, nécessairement restreintes, les sociétés de consommation peuvent émanciper les travailleurs et, selon l'expression de Schulze-Delitzch, substituer le régime de l'atelier coopératif à celui de l'industrie actuelle.

La production ainsi organisée n'est pas celle que préconisent les apôtres de l'école anglaise; car elle ne se place pas sous la tutelle exclusive des sociétés de consommation. Ici l'atelier coopératif n'aliène pas son indépendance; il se borne à demander au magasin d'approvisionnement le débouché naturel que celui-ci est en mesure et a le devoir de lui ouvrir. La communauté des intérêts oblige les deux associations à se prêter cette mutuelle assistance.

Ainsi, en raison des difficultés que soulève le régime intérieur et qui aboutiraient, comme aujourd'hui, à la révolte contre les fonctionnaires sociaux et aux grèves, les sociétés de production ne nous paraissent pas accessibles à la masse des travailleurs. Une dernière cause, dont la gravité n'échappe à personne, s'opposera long-temps à leur extension : le manque de capitaux.

On compte, il est vrai, sur les bénéfices réalisés par les sociétés de consommation. Mais n'est-ce pas trop présumer de l'esprit d'abnégation des coopérateurs ? Il nous semble douteux qu'ils consentent, pendant une longue suite d'années, à ne rien distraire des bonis, afin que leur accumulation fournisse les capitaux nécessaires aux futures sociétés productives, ou mieux à la création des usines de toute sorte annexées aux sociétés distributives. La mise en réserve des bénéfices en vue de cette destination suppose chez les coopérateurs le sentiment d'une solidarité supérieure, un dévouement assez généreux pour refuser les avantages immédiats de leur œuvre et, par ce sacrifice, préparer, au profit des générations prochaines, un nouveau régime de vie industrielle. Au lieu de ce désintéressement presque héroïque, de ce sacrifice du présent à l'avenir, se manifestent des sentiments contraires au sein des associations. En général, les sociétaires se préoccupent beaucoup plus de leurs intérêts personnels que des avantages d'ordre collectif. Cette persistance des vues individualistes est peut-être plus nettement accusée dans les sociétés de consommation que partout ailleurs : leurs membres attachent une grande importance à la question des dividendes de fin d'année. L'absence ou la réduction des bonis espérés est cause de fréquentes démissions. Avec ces dispositions bien connues, les coopérateurs ne sont pas près de consentir à l'accumulation prolongée des profits pour un but général très éloigné. Toute proposition en ce sens serait vite écartée par une majorité compacte, et le conseil, auteur d'un semblable projet, ne conserverait pas longtemps la confiance des sociétaires. On ne peut donc compter sur les ressources des sociétés de consommation pour créer les usines et les manufactures dans lesquelles le travail salarié ferait place désormais au travail associé. Le nerf, de la guerre, c'est-à-dire le capital, fera longtemps, défaut pour entreprendre la conquête de l'industrie. Nous, ne croyons pas à la réalisation de ce programme décevant qui vise à faire absorber par les sociétés de consommation toutes les forces productives du pays.

S'ils ne peuvent servir à transformer les sociétés de, consommation en sociétés de production universelles, quelle destination convient-il de donner aux bonis ? De sérieux efforts doivent être dépensés pour empêcher qu'ils ne passent, sans amélioration réelle et durable dans le budget ordinaire de la famille. Le but élevé de, la coopération n'est vraiment atteint qu'autant que la presque totalité des dividendes est consacrée aux institutions de prévoyance et à la création du patrimoine sous ses diverses formes. Construction de maisons ouvrières, épargne, assurances sur la vie ou en cas de décès, pensions de retraite, de préférence à capital réservé, tels sont les divers emplois entre lesquels les coopérateurs doivent choisir, selon leurs vues personnelles, et qu'il est éminemment utile de faire pénétrer dans les habitudes. Grâce à l'instruction et à l'éducation, sainement comprises et largement répandues, les idées de retraite, de prévoyance seront acceptées et mises en pratique. L'affectation à tel ou tel emploi, imposée par les statuts, n'est pas sans inconvénients ; car, dans certaines circonstances, crises, chômages, maladies, déplacements, le sociétaire doit pouvoir faire emploi de l'épargne formée peut-être en vue de ces évènements.

Au régime de contrainte, il faut donc préférer celui du prélèvement libre, sauf à combattre par l'instruction le penchant naturel à la dissipation des dividendes. Pour être plus lents, les résultats n'en sont pas moins féconds. En voici un exemple choisi parmi beaucoup d'autres que nous pourrions citer. La société de Trith-Saint-Léger (Nord) a créé une caisse d'épargne au profit de ses membres ; elle a réuni, du 30 juin 1885 au 31 décembre 1891, une somme de cent mille francs versée par 866 déposants ; elle compte environ 1.200 sociétaires.

Ce que l'homme prise au-dessus de tout, c'est la sécurité dans la vieillesse. Aussi quelques sociétés se sont-elles attachées à servir des pensions de retraite à leurs membres ; il en est ainsi dans les sociétés la Ruche de Lyon, et la Fédération de Vienne (Isère), et dans l'économat des forges de Champagne. Les retraites obtenues au moyen d'une cotisation périodique, d'un prélèvement sur les salaires, d'une retenue sur les appointements sont généralement insuffisantes. La société de consommation met à la portée de tous ceux qui veulent mettre leur vieillesse à l'abri des privations un moyen facile d'accroître, sans nouveaux sacrifices, les ressources destinées aux vieux jours. Un versement moyen de 40 francs pendant 30 ans procure une pension annuelle de 280 francs si le capital est réservé, et de 420 francs si le capital est aliéné. Ce chiffre de 40 francs représente la moyenne annuelle des bonis distribués. Mais il ne dépend que des coopérateurs d'élever cette moyenne et de retirer 100 francs comme en Angleterre. Il suffit que les magasins soient pourvus de tout ce qui entre dans la consommation et que les sociétaires se fassent un devoir d'y acheter tout ce qui leur est nécessaire. Au lieu de consa-

crer à un même usage le boni tout entier, les coopérateurs seront en mesure de diviser leurs ressources entre
les institutions variées qui toutes s'efforcent, en défini•
tive, d'amoindrir les soucis de l'existence.

On reproche volontiers à la coopération ainsi comprise,
de manquer de grandeur et de n'aboutir, en somme, qu'à
un système d'échanges perfectionné et à un mécanisme
ingénieux d'épargne (1). Cependant les réformes introduites et les améliorations apportées par les coopératives
de consommation, ne méritent pas un jugement aussi
dédaigneux.

Ce n'est pas un médiocre résultat que de transformer
l'organisation commerciale, de ramener la probité et la
confiance dans les transactions et de régulariser le travail de l'industrie par la prévision plus facile des besoins
à satisfaire. Eliminer les intermédiaires inutiles, c'est
supprimer dans la machine économique un rouage qui
en complique la marche et occasionne une déperdition de
force vive. Or, les sociétés de consommation visent à
simplifier les engrenages qui concourent à la circulation
de la richesse. Elles poursuivent une réforme d'une por•
tée aussi considérable, en s'efforçant de faire accepter
comme règle et en faisant pénétrer dans les mœurs le
payement au comptant, c'est-à-dire l'habitude de régler
ses dépenses sur ses ressources; elles mettent ainsi un
frein aux dépenses exagérées des clients portés à la pro-
digalité par la facilité de l'achat à crédit ; elles préservent
les familles du fléau des dettes et assurent le relèvement
des malheureux placés, par un ruineux crédit, sous la
dépendance presque absolue de leurs fournisseurs. A cet

1. Ch. Gide. *Avenir de la coopération*, p. 5.

égard, la coopération a fait ses preuves : témoin le changement si remarquable opéré dans la triste condition des
manœuvres et des tonneliers de Bacalan ; témoin encore
l'affranchissement si rapide des forgerons de Commentry.
Avant la fondation de la société coopérative, les salaires ,
de plus de 500 ouvriers étaient frappés de saisies-arrêts.
Peu d'années après, leur libération était un fait accompli.
En introduisant dans les familles les habitudes d'ordre et
d'économie, les institutions coopératives procurent partout, non pas la fortune, mais une aisance relative, le
bonheur et la dignité qui relèvent l'homme à ses propres
yeux et contribuent à la paix sociale.

Leur action bienfaisante sous le rapport de l'épargne
n'est pas moins digne de fixer l'attention. Grâce aux principes appliqués dans la détermination des prix de vente
et dans le partage des bénéfices, l'économie se crée d'elle-
même, sans efforts, comme sans privations. Il y a sans
doute à veiller au bon emploi de cette économie, à la diriger vers la caisse d'épargne ou vers les œuvres de prévoyance, en un mot à lui faire produire tous les fruits
qu'elle est susceptible de donner. A ce besoin répondent
les facilités offertes pour le placement des dividendes et
les sacrifices consentis en vue de répandre l'instruction
économique, et de développer le goût de l'épargne. Toute
crainte de dissipation disparaît le jour où l'homme est
véritablement saisi pour le désir de se créer un patrimoine. L'heureuse influence exercée par la propriété sous
ses diverses formes n'a pas besoin d'être démontrée.

La pratique de la coopération peut donc produire, en
dehors de sa destination propre, cet excellent résultat
d'habituer ses membres à l'épargne, de propager parmi
eux les œuvres de prévoyance et d'assurer aux travail-

leurs le repos et l'indépendance dans la vieillesse. Pour quelques-uns elle constitue le stage obligatoire pendant lequel se réunissent les capitaux et s'acquièrent les connaissances nécessaires pour fonder avec chances de succès l'association de production. Pour tous elle est un moyen d'amélioration intellectuelle et morale; elle forme la meilleure école où se prennent les leçons de confiance mutuelle, d'aide réciproque, résumées dans cette devise : *chacun pour tous, tous pour chacun.* Enfin elle apporte un concours précieux à l'œuvre de la paix sociale, en favorisant l'union entre les classes de la société, en dissipant par ce contact les malentendus et les préjugés, en faisant régner entre des éléments souvent hostiles l'harmonie, la concorde, l'affection. Tel est, selon nous, le but élevé que doivent poursuivre et que peuvent atteindre les sociétés coopératives de consommation. L'entreprise nous paraît assez vaste et assez belle pour mériter l'appui de toutes les âmes généreuses et la protection bienveillante des pouvoirs publics.

TABLE DES MATIÈRES

Des sociétés coopératives de consommation à l'étranger et en France.

Imprimerie des Écoles, Henri Jouve, 15, rue Racine, Paris.